Penny Ritscher

Nachhaltige Erziehung in Krippe und Kindergarten

Das Slow School Konzept

Impressum

Autorin
Penny Ritscher

Übersetzung
Michael Fink

Gestaltung
Manuela Bourja

Lektorat
Janine Hölzl

Cover-Illustration
© INFINITY-Fotolia.com

Druckerei
LASERLINE Digitales Druckzentrum Bucec & Co. Berlin KG
Gedruckt auf chlorfrei gebleichtem Papier

Die italienische Originalausgabe erschien unter dem Titel *Slow School.
Pedagogia del Quotidiano* in Zusammenarbeit mit dem Zentrum für
angewandte Bildungsmethoden (CEMEA).
© 2011 Giunti Scuola S.r.l. – Florenz, www.giuntiscuola.it, www.giunti.it

Verlag
Bananenblau – Der Praxisverlag für Pädagogen
Bananenblau UG (haftungsbeschränkt)
Arkonastr. 45–49, 13189 Berlin
Telefon: 030 477 96 0
Telefax: 030 477 96 204
E-Mail: info@bananenblau.de
www.bananenblau.de

© Bananenblau 2015
ISBN 978-942334-46-4

Inhalt

Vorwort 7

Ein Kindergarten gegen den Wind
Einführung von Gianfranco Staccioli 9

Teil 1 – Eine Oase der Vernunft **19**

Unsere Ideen überdenken 20
1 Eine aufgezwungene Fantasiewelt 22
2 Eltern in Not 28
3 Langsam ist schöner 38
4 Die unsichtbaren Krippen und Kindergärten 45
5 Bildung auf Augenhöhe 56
6 Lernfächer sind überall 68
7 Die Kleinen bringen uns auf neue Ideen 82

Teil 2 – Unermessliche Ressourcen **93**

In den Nischen des Alltagslebens 94
1 Beziehungen 96
2 Persönliche Geschichten 102
3 Das tägliche Leben 106
4 Der Garten 113
5 Spielen lernen 122
6 Eine pädagogische Zeit 127

Einige Slogans für eine Slow School **133**

Nachwort von Antje Bostelmann 135

Die Autorin **139**

Zum Weiterlesen **141**

Vorwort

„Das, was man lernt ist das, was man einatmet",
sagte Marina Pascucci. Dieses Buch ist ihr gewidmet,
einer Mitstreiterin und vermissten Freundin.

Der Untertitel dieses Buches, *Das Slow School Konzept*, ist inspiriert durch den Namen der öko-gastronomischen Bewegung *Slow Food*, die Carlo Petrini als Antwort auf die allgegenwärtige Präsenz von *Fast Food* gründete. *Slow Food* fordert den bewussten Umgang bei Produktion, Verteilung und dem Verbrauch von Lebensmitteln. Dazu gehört die Wiederentdeckung alter Handwerkstechniken im Rahmen neuer ökologischer Wirtschaftsweisen. Dieses Buch schlägt einen ähnlichen Ansatz in Bezug auf Bildung vor, der im Gegensatz zur *Fast School* steht, also einer heute überall propagierten Turbo-Ausbildung, bei der es oberstes Ziel ist, Lernende möglichst schnell zu konkurrenzfähigen Arbeitskräften auszubilden.

Entstanden ist ein Theorie-Praxis-Buch, das von Themen rund um die Realität des täglichen Lebens in Bildungseinrichtungen handelt, mit all ihrer Komplexität und Unberechenbarkeit. Jedes Kapitel geht von einer Beschreibung einer Alltagssituation im Kindergarten aus, um anschließend über darin enthaltene pädagogische Grundfragen nachzudenken und praktische Anregungen für die eigene Arbeit zu geben. Wir haben uns für einen solchen erzählerischen Ansatz entschieden – und damit gegen ein systematisch aufgebautes Buch – weil wir glauben, dass das Erzählen von Geschichten besser geeignet ist, um das komplexe Geschehen in Kindereinrichtungen zu beschreiben, zu begreifen und daraus Schlüsse zu ziehen.

Das Buch will alle Menschen ansprechen, die mit frühkindlicher Bildung zu tun haben, insbesondere Erzieher und Pädagogen, aber auch Auszubildende, Eltern, Leitungskräfte.

Die Einführung von Gianfranco Staccioli *Ein Kindergarten gegen den Wind* gibt einen historischen und theoretischen Rahmen für die angesprochenen Themen in dem Buch vor.
Der erste Teil des Buches *Eine Oase der Vernunft* ist in zwei Hauptthemen gegliedert:

- das aktuelle soziale Umfeld um Krippe und Kindergarten;
- die Idee der kindlichen und beruflichen Bildung.

In den Kapiteln 1, 2 und 3 reflektieren wir die massive Präsenz des Konsums im Leben von Kindern, über Eltern in Not und einem kontraproduktiven Lebensrhythmus. In den Kapiteln 4, 5, 6 und 7 denken wir über Aspekte nach, die konkret die Arbeit in der Einrichtung betreffen – etwa die Rolle der Erzieher, die weit verbreitete Präsenz des Lernens, die Begegnung mit den kleineren Kindern. Der zweite Teil des Buches *Unermessliche Ressourcen* artikuliert dagegen das erzieherische Potential verschiedener Aspekte des täglichen Lebens in Krippe und Kindergarten: Beziehungen, persönliche Erfahrungen, die Organisation des täglichen Lebens (also die Routine), die Zeit im Freien, das Spiel, die freie Zeit. Es sind Aspekte des Kindergartens, die in der Regel bei programmatischen Überlegungen übersehen werden.

Ich danke allen Kollegen, mit denen zusammen diese Überlegungen entstanden sind. Besonders danke ich den Lehrern und Administratoren der kommunalen Vorschulen in Poggibonsi (Siena), den staatlichen Kindergärten in Follonica (Grosseto) und Montale (Pistoia).
Vielen Dank – wie immer – an Gianfranco Staccioli, mit dem ich wieder und wieder die entstandenen Texte diskutiert habe.

Penny Ritscher

Ein Kindergarten gegen den Wind

Eine Einführung von Gianfranco Staccioli
Generalsekretär der italienischen CEMEA[1] – Zentrum für angewandte Bildungsmethoden

■■■ EINE ANDERE IDEE VON BILDUNG ENTWICKELN

Die lange Geschichte der institutionellen Kinderbetreuung in Italien kann man – ganz ähnlich wie in Deutschland – an der Vielzahl von Bezeichnungen für die unterschiedlichen Einrichtungsformen ablesen: Sie begann mit den *Sale d'asilo* (wortwörtlich *Säle der Zuflucht*) und *Scuole infantili* (*Kinderschulen*), denen später das *Casa dei piccoli* (*Haus der Kleinen*), die *Scuole materne* (*mütterliche Schulen*), das *Casa di bambini* (*Haus der Kinder*), die *prima Scuola* (*Erste Schule*), der *Giardino d'infanzia* (*Garten der Kindheit*) und das *Asilo infantile* (*Heim der Kinder*) folgten... Hinter jedem neuen Namen verbargen sich ein besonderer kultureller Hintergrund, besondere methodische Leitlinien und ein ganz spezielles Bild vom Kind wie auch ein spezieller Begriff von Kindheit.
Die ersten *Sale d'asilo* hatten im Wesentlichen Wohlfahrtsaufgaben zu meistern und nach dem Vorbild Friedrich Fröbels lag der Fokus in dieser Zeit auf moralischer und sozialer Bildung. In der *Scuola materne* nach der Methode der Schwestern Agazzi standen häusliche Tätigkeiten der Kinder im Mittelpunkt, und die *Häuser der Kinder* nach Maria Montessori beruhten auf der Idee, den Kindern viel Freiraum zu geben, um sich kognitiven und praktischen Aufgaben zu widmen. Jede dieser – und darauf folgende – Einrichtungen entwickelte ihre eigenen Methoden und eigenen Ziele für die pädagogische Arbeit.

---

1   www.cemea.eu

Es waren Erfindungen, die jeweils eigene Konzepte, eigene Schwerpunkte, eigene Grundsätze formulierten. Und neben diesen formulierten Zielen vermittelten diese Einrichtungsformen jeweils auch unausgesprochene Botschaften.

Diese Botschaften gründeten sich auf einer neuartigen Aufmerksamkeit für das, was man bisher wenig beachtet hatte: Die Rahmenbedingungen, der Kontext, in dem die Bildung stattfand. Und dieser andere Blick zog sodann in die Bildungsprogramme ein, wo wir ihn heute hinter Worten wie Umfeld oder Umgebung wiederfinden. Dieses Umfeld besteht sowohl aus materiellen Faktoren (Möbel, Räume, dem zeitlichen Rahmen etc.), aus sozialen Rahmenbedingungen (die Beziehungen zu den Erwachsenen, das soziale Miteinander) als auch aus kulturellen Faktoren (welche Aktivitäten angeboten werden, welche Erfahrungen möglich sind und wie sie aufgegriffen werden).

Heute leben wir in einem Umfeld, das auf den ersten Blick mit beeindruckenden Möglichkeiten aufwartet: Uns ist eine unendliche Menge an Informationen, Nachrichten und sich ständig wandelndem Wissen zugänglich. Oder sind wir all dem eher ausgesetzt? Dieser Überfluss an Dingen, die Anhäufung von Nachrichten, die unzähligen Reize scheinen längst eine emotionale wie kognitive „Rücksichtslosigkeit" im Umgang zu erzeugen, verursachen motorische und körperliche Unsicherheit, emotionale und affektive Instabilität. Einem Großteil der Medien geht es darum, uns als Kunden möglichst gut auszunutzen. Gerade unsere Kinder verstehen kaum, dass sie dabei einer Gehirnwäsche unterzogen und für das Gewinnstreben vieler Konzerne instrumentalisiert werden. Sie begreifen noch nicht, dass sie *born to buy*[2] sind, wie es der Titel eines Buches von Juliet Schor pointiert benennt, dass ihnen ihre Fantasie geraubt wird, wie Aminata Traoré es in *Le Viol de l' imaginaire*[3] beklagt, und dass sie verdammt sind, letztendlich zu *kleinen Tyrannen*[4] zu werden, wie Jirina Prekop es im gleichnamigen Buch befürchtet.

---

2   Schor, Juliet B.: Born to Buy. The Commercialised Child and the New Consumer Culture, New York 2004.
3   Traoré, Aminata: Le viol de l'imaginaire, Paris 2012.
4   Prekop, Jirina: Der kleine Tyrann. Welchen Halt brauchen Kinder, München 2013.

Unsere Kinder werden auf Glückserlebnisse mit kurzer Halbwertszeit getrimmt. Sie erleben mehr und mehr eine standardisierte Kindheit, die von der Suche nach einer kurzlebigen Befriedigung geprägt ist – etwa durch ein ersehntes Spielzeug aus der Werbung, Markenkleidung, nicht benötigte Lebensmittel oder das gleiche Smartphone wie die Freunde. Ergebnis sind Kinder, die Fantasie und Realität verwechseln – wie das Kind, das vom Schrank springt, weil es sich vorstellt, wie Batman fliegen zu können. Kinder, die erhebliche Schwierigkeiten haben, über Dinge in Ruhe nachzudenken und sie zu reflektieren. Hast und Realitätsflucht sind die Schattenseite all dessen, was Kindern heute in Hülle und Fülle angeboten wird. Sich eine Pause zu gönnen, sich Ruhe zu verschaffen, ohne gleich Angst vor der Stille zu empfinden – all das scheint heute keinen Wert mehr zu haben.

■■■ DAS PAUKENDE KIND

Ein großes Schlagwort der modernen Pädagogik ist der Begriff des *kompetenten Kindes*. Er sagt aus, dass Kinder nicht nur passive Empfänger von Lernstoff sind. Stattdessen verarbeiten sie selbständig die Dinge, die sie gesehen oder erlebt haben, holen sich Ideen, entwickeln Hypothesen, erwerben aktiv und nach eigenem inneren Lehrplan neue Kompetenzen. Neben diesem *kompetenten Kind* jedoch scheint es heute auch immer häufiger das Gegenmodell zu geben, das man das *paukende Kind* nennen könnte – oder das *überschüttete Kind*. Diesem Bild vom Kind wird nicht die Kompetenz zugestanden, selbstgesteuert lernen zu können. So wird es mit einer Vielzahl von Lernangeboten traktiert und bekommt methodisch zweifelhafte Lernmaterialien mit scheinbar unumgänglichem Basiswissen vorgesetzt. Dahinter steht die Vorstellung, es könne nicht mithalten, würde es nur seinem eigenen Lernwillen folgen dürfen.

Man könnte zwei Slogans formulieren, um diesen unausgesprochenen Druck, der heute auf vielen Kindern lastet, auf den Punkt zu bringen. Der erste Slogan könnte heißen: *Corri e compra* (zu Deutsch

Lauf und kauf!) und der zweite *Impara le discipline* (also *Für die Fächer lernen*). Hinter beiden Slogans stecken echte, tief empfundene Bedürfnisse: Das Bedürfnis, dazuzugehören, indem man die gleichen Dinge wie andere besitzt. Und das Bedürfnis der eigenen Angst vor dem gesellschaftlichen Abrutschen mit fleißigem Lernen etwas entgegensetzen zu können. Beide Gefühlslagen sind heute in vielen Familien an der Tagesordnung und es ist kein Wunder, dass die Kinder diese unausgesprochenen Slogans mit sich tragen, wenn sie in Krippe oder Kindergarten gehen.

Der erste Slogan *Lauf und kauf!* glorifiziert das Besitzen von Konsumgütern. Er befördert die Tendenz zur Konformität und das sinnlose Ansammeln von Dingen. Es ist der ewige Reiz, sich neue Dinge anzuschaffen, die nach kurzer Zeit wieder durch noch neuere Dinge ersetzt werden müssen – wie es bei digitaler Technik längst zum guten Ton zu gehören scheint.

Das zweite Motto *Für die Fächer lernen* – auf Deutsch in Formulierungen wie: „Etwas für Mathe tun", „Sich schon mal auf das Schreibenlernen vorbereiten" – basiert auf einer Vorstellung von statischem Wissen und ist schon von daher etwas problematisch. Dahinter steht die Angst, das eigene Kind könne aufgrund von zu geringem Wissen nicht mithalten und nur mit besonderem Fleiß und eiserner Disziplin könne man dem entgegenwirken – also mit „Paukerei" und übergroßem Bildungseifer. Zu dieser Vorstellung gesellt sich auch der Anspruch, das mühsam erworbene Wissen gegenüber der Umwelt sichtbar machen zu müssen, um quasi seine Pflichterfüllung nachzuweisen: „Unser Kind besucht jeden Nachmittag einen Kurs!"

Bei all der Büffelei wird eines übersehen: Isoliertes Vorbereiten auf unbekannte schulische Anforderungen führt höchstens zu Verdruss. Statt das Alltagsleben vom Lernen dominieren zu lassen, wäre es viel sinnvoller, im Alltag die Momente aufzuspüren, wo die Fächer quasi eingebettet sind.

Wie kann man dem *paukenden Kind* helfen, sich selbst in eine „andere" Schule zu begeben? Man könnte anfangen, unseren beiden unausgesprochenen Slogans zwei neue Slogans entgegenzusetzen, die auf einfache und dennoch komplexe Weise ein neues Leitbild von der Bildung entwerfen. In diesem Buch machen wir den Versuch, ein solches Leitbild zu entwickeln.

Im Bildungsbereich sprechen wir oft von Wegen: Kinder bewegen sich auf einer *Bildungslaufbahn*, die sie bis zum fernen Schulabschluss führen soll. Aber wie finden sie den rechten Weg? Heute scheint es oft so, als wolle man den Kindern zur Sicherheit ein besonders gutes Navigationssystem anbieten, das vorab immer schon den schnellsten Weg ermittelt hat. Aber so funktioniert Bildung nicht!

Sie braucht das Finden eigener Wege, braucht das Einbeziehen eigener Bedürfnisse, das Innehalten an besonders eindrucksvollen Punkten. Statt den Kindern den schnellsten Weg zu zeigen, sollten wir ihnen ermöglichen, ihre persönliche Route zu finden, mit Nebenstraßen und Rastplätzen und gewiss auch mit selbst angelegten Trampelpfaden.

Auf dem Weg gegen den Wind

Wanderer, nur deine Spuren
sind der Weg, und weiter nichts;
Wanderer, es gibt den Weg nicht,
er entsteht, wenn man ihn geht.
Erst im Gehen entsteht der Weg
und wendet man den Blick zurück,
so sieht man auf den Pfad,
den niemals erneut man je betritt.
(Antonio Machado, 1875–1939, spanischer Schriftsteller)

Welche Slogans wären passend, um dieses Wandern ohne Weg zu beschreiben? Meine Wahl wären diese: Der erste Slogan lautet: *Festina Lente* (übersetzt *Eile mit Weile*), und der zweite: *In jedem Alltagsmoment steckt außerordentliches Potenzial.* Es handelt sich um zwei Sätze, die – wie wir später sehen werden – von verschiedenen Personen stammen, die zu unterschiedlichen Zeiten gelebt haben, aber beide eine Spur in der Geschichte hinterlassen haben. Jede Phrase fungiert als Gegengewicht zu den beiden heute so dominierenden zuerst benannten Parolen (*Lauf und kauf!* und *Für die Fächer lernen*).

Was würde passieren, würde unsere so durch Kommerz geprägte Kultur sich plötzlich diesem Motto *Festina Lente* zuwenden? Und wenn die Idee akzeptiert würde, dass der Komplexität des Wissens nur mit der komplexen Einfachheit des Alltags begegnet werden kann, in dem ein außerordentliches Potenzial steckt? Wie würde das die Bildungseinrichtung, die Pädagogen, die Eltern und das Umfeld verändern?

Festina Lente

Nach dem 2. Weltkrieg gab es eine italienische Schule, die Città Pestalozzi in Florenz, in deren Eingangshalle einem ein Wappen sofort ins Auge stach, das auch auf die blauen Schürzen der Kinder genäht war. Das Motto auf dem Wappen lautete *Festina Lente*. Dieses Motto wird dem lateinischen Schriftsteller Sueton zugeschrieben, der am Hofe von Kaiser Augustus wirkte. Im 16. Jahrhundert griff das Florentiner Kaufmannsgeschlecht der Medicis dieses Motto in der Flagge ihrer Flotte auf, die eine Schildkröte mit einem Segel zeigte, wohl um gleichzeitig die Kraft des Unternehmens und das Motiv des Reisens zu symbolisieren. Das Bild der Schildkröte, die für Langsamkeit, aber damit auch für Umsicht steht, wurde mit dem Segel kombiniert, mit dessen Hilfe – und viel Geschicklichkeit – man die Kraft des Windes in Schnelligkeit verwandeln kann. Ein guter Seemann vermag das Segel sogar gegen den Wind zu setzen und kommt trotzdem langsam, aber stetig voran: *Festina Lente*!

Langsam zu gehen scheint einfach zu sein, aber das ist es nicht. Gianfranco Zavalloni erzählt im Buch *La pedagogia della lumaca*[5] (Pädagogik der Schnecke) von der Angst eines kleinen Mädchens, das nicht einsehen will, warum es sich in der Schule immer beeilen muss: „Mama", sagte das Kind „die Lehrer sagen uns, dass wir uns beeilen müssen und wir die Zeit nicht verschwenden dürfen, denn wir müssen ja vorwärts kommen! Aber Mami, wo ist vorwärts? Wo ist das, wohin wir gehen müssen?" Es ist nicht leicht, auf diese Frage eine Antwort zu finden, weil dahinter ein tiefer Wunsch nach *Festina Lente* zu stecken scheint. Die Mutter könnte mit einer

---

5   Zavalloni, Gianfranco: La pedagogia della lumaca, Rom 2012.

anderen lateinische Phrase antworten, die lautet: *Lentius, Profundis, Suavis*[6] (zu Deutsch *Langsamer, Tiefer, Sanfter*). Sie stammt aus einem Text von Alexander Langer, der sich dort die Frage stellte, wie man eine nachhaltige und ökologische Gesellschaft verwirklichen könnte. Langer reagierte mit *Lentius, Profundis, Suavius*, auf das olympisches Motto *Citius, Altius, Fortius* (zu Deutsch *Schneller, Höher, Weiter*).

Die entscheidende Frage ist daher nicht so sehr, *was* getan werden muss, sondern *wie* es getan wird... *Auf welche Weise* wir voranschreiten wollen, ist mindestens eine genauso wichtige Frage wie die, *wo* wir hinwollen.

Das scheint eine unlösbare Aufgabe im dritten Jahrtausend zu sein, das von einem Tempo geprägt ist, welches auch die kühnsten Visionen der Futuristen im frühen 20. Jahrhundert übertrifft.

Aber wenn wir versuchen, aus unseren gewohnten Denkmustern auszubrechen, dann verstehen wir, was es bedeuten kann, der Frage mehr Aufmerksamkeit zu schenken, *wie* wir vorwärts kommen wollen: Es bedeutet Respekt; es bedeutet, die Realität so zu nehmen, wie sie ist; es bedeutet, die Dinge, die du tust genau wie die Menschen, mit denen du etwas zusammen machst, zu schätzen. All das sind wichtige Bausteine für einen Lehrplan.

Die Komplexität des Einfachen

„In jedem Alltagsmoment steckt außerordentliches Potenzial", lautet ein Satz des italienischen Regisseurs Roberto Rossellini. Er macht uns bewusst, dass jedes Erlebnis, jede Situation, jeder Gedanken einen großen Wert in sich trägt. Er sagt, dass es nichts Banales gibt, sondern wir selbst es sind, die Dinge als banal erscheinen lassen. Und wir können dieser Banalisierung entfliehen, indem wir lernen hinzusehen, uns für die Dinge in unserer unmittelbaren Umgebung interessieren, indem wir Einfachheit und Bescheidenheit lernen.

Mit voreingenommenem Blick kommt es uns vor, als hätten die Kinder etwas gelernt, tatsächlich aber erleben wir viel häufiger, dass

---

6   Langer, Alexander: Più lenti, più dolci, più profondi, suppl. a „Notizie Verdi", Roma 1998.

sie einfach nur oberflächliches Halbwissen unkritisch wiedergeben. „Wie viele Farben gibt es?" „Sieben!"; „Wie viele Sinne gibt es?" „Fünf!". Zwei Beispiele für typisches Schulwissen, das wissenschaftlich gesehen komplett unsinnig ist.

Die Kinder von heute brauchen mehr denn je den direkten Kontakt mit Erlebnissen, mit der Natur und mit echten Menschen.

■■■ VERGANGENHEIT UND ZUKUNFT

„Unser Bildungssystem hält an Lernprogrammen fest, während das Leben nach Strategien verlangt!", schreibt Edgar Morin in *La Tête Bien Faite*[7]. Er entgegnet darauf mit der Idee einer *Ökologie der Aktion*, deren Ziel die Entwicklung von *Strategien des Lebens* ist. Der japanische Dichter Sengai Gibon schrieb in einem Haiku im späten 18. Jahrhundert: „Die größte Freude findest du nicht unter den Blumen, sondern unter deiner Nase".[8] Mit anderen Worten: Was du von deiner Umgebung wahrnimmst, hängt von dir selbst ab. In Alltagsmomenten treffen wir auf viele Themen und sie sind alle miteinander verflochten, komplex, voller Düfte, Gefühle, Erinnerungen. Es sind bedeutende Erkenntnisse, die wir dort gewinnen.

Es gab einmal eine Welt der Kindheit, die aus Elternhaus und Hinterhof bestand. Sie war arm an Information und formalem Wissen, begrenzt im Raum und im Kontakt mit Menschen. Die Schule in dieser vergangenen Zeit hatte die Aufgabe, die enge Erfahrungswelt der Kinder zu bereichern. Von dieser Aufgabe ist die Schule heute längst entbunden, denn die Welt, in der Kinder aufwachsen, hat ihr Gesicht komplett verändert. Die Kinder der Gegenwart begegnen vielfältigsten Themen, kommen in Kontakt mit vielen Erwachsenen und

---

7   Morin, Edgar: La Tête bien faite. Repenser la réforme, réformer la pensée (L'Histoire immédiate), Rom 2014.
8   Daisetz T. Suzuki: Der Zen-Meister Sengai. Tuschbilder und Gedichte. Herausgegeben von Eva von Hoboken, Köln 1985.

schon von klein auf verwenden sie moderne Technologien. Das Weite lernen sie kennen – aber was ist mit dem Blick auf das Nahe?

Eile mit Weile und *In jedem Alltagsmoment steckt außerordentliches Potential* – diese Slogans mögen klingen, als kämen sie aus einer anderen Zeit. Aber sie eignen sich als Leitlinien für unsere Gegenwart, unsere Zukunft. Geschwindigkeit und überhöhte Ansprüche gibt es im Leben außerhalb der Bildungseinrichtungen mehr als genug. Der Kindergarten von heute muss innehalten und sich neu orientieren: *Auf den Weg gegen den Wind.*

Teil 1

Eine Oase der Vernunft

Unsere Ideen überdenken

Um über den heutigen Kindergarten nachzudenken, müssen wir auch die Welt außerhalb des Kindergartens betrachten. Ein entscheidender Faktor im aktuellen Lebensstil von Kindern heute (und ihren Familien) stellt der allgegenwärtige Einfluss der Konsumwelt dar. Längst hat sich der Konsum von einem sinnvollen Einkaufsverhalten zu einer Art kollektivem Wahnsinn entwickelt. Beispiele wie das folgende beschreiben gut, wie irrational mittlerweile unser Verhältnis zum Kaufen geworden ist: Der italienische Reporter Mario Calabresi besuchte nach dem Ausbruch der globalen Finanzkrise im Jahr 2007 kurz vor Weihnachten ein Einkaufszentrum in einem Armen-Vorort von New York, in dem besonders viele Menschen von Zwangsversteigerungen betroffen waren. Der Journalist hatte in dieser Situation erwartet, leere Einkaufsläden vorzufinden, aber das Gegenteil war der Fall: Proppenvolle Läden, in denen die Menschen anstanden, um ihren Kindern die neuesten iPods oder Playstation zu kaufen (obwohl doch gerade Weihnachten war, das Fest der Geburt eines bettelarmen Kindes). Für diese Menschen war der Sinn des Festes längst, hauptsächlich die Wünsche ihrer Kinder zu erfüllen, auch wenn sie sich dafür verschulden mussten.

Dieser – vielleicht extreme – Fall drückt eine weit verbreitete Tendenz aus. Es scheint, dass wir alle *geboren sind, um zu kaufen* – und gleichzeitig – durch die Zunahme der gesellschaftlichen Verarmung – gibt es immer mehr Menschen, die sich diese Wunscherfüllung gar nicht mehr leisten können. Die Leere, die das Konsumieren verursacht, verbindet sich mit dem Frust, dass Bedürfnisse erst erzeugt, dann aber nicht gestillt werden. Oder wir müssen uns die Wünsche, die wir uns erfüllen wollen, mit Schulden bezahlen.

Inmitten einer nicht nur ökonomisch in der Krise steckenden Gesellschaft haben Krippe und Kindergarten die Chance, stabile Anlaufpunkte zu sein, Oasen der guten Vernunft. Eine gute Bildungseinrichtung ist viel mehr als ein Ort des Lernens. Sie bildet eine kleine Gemeinschaft von Menschen, die hier zusammentreffen, zusammenleben, und ihren Alltag teilen. Es ist diese gemeinsame Aufgabe von Krippe und Kindergarten, die wir ausformulieren und stärken müssen. Anstelle der Hektik und Kälte einer allein auf Leistung ausgerichteten Gesellschaft, kann man hier einen Ort der Erholung finden – was nachhaltig auch produktiver ist! Und anstelle des Überflusses an Konsum kann man hier das Einfache und Wesentliche entdecken.

Es geht darum, eine Verbindung aus Alltagsleben und Lernen zu schaffen. Das bedeutet deutlich zu machen, wo in all den Situationen des Tages Lernmomente stecken. Es bedeutet, viel Aufmerksamkeit auf die Organisation von Raum und Zeit zu richten, auf all die Lernmomente, die sich aus den Beziehungen der Kinder, ihren Spielen, Interaktionen und Gesprächen ergeben. Es bedeutet, den Aufenthalt im Freien neu zu entdecken, um aus einer reinen Erholungssituation einen wertvollen Lernmoment zu machen, bei dem sich die Erziehenden durch Vorbereitung und Begleitung der Kinder aktiv in die Gestaltung einbringen.

Der Schriftsteller Roberto Saviano schrieb anlässlich seines Besuches in der 2009 durch ein Erdbeben zerstörten Stadt L'Aquila: „Wenn einem nichts mehr bleibt als das eigene Leben, versteht man plötzlich, was für ein Geschenk jeder Atemzug ist. Das ist es, was mir die Überlebenden erzählen wollen..." Wir hoffen, dass es kein Erdbeben braucht, um die Weisheit von L'Aquila zu finden. Was Krippe und Kindergarten betrifft, könnte es ausreichen, sie zusammen neu zu denken.

1 Eine aufgezwungene Fantasiewelt

▮▮▮ FERNSEHFIZIERTES SPIELZEUG

Wenn sie morgens in die Einrichtung kommen, bringen viele Kinder Spielzeuge mit, die sie vor kurzem bekommen haben – manchmal noch schnell vorm Kindergarten gekauft. Es sind „Fernseh-Spielzeuge". Die Kinder wissen, dass mit diesen Dingen tagsüber nicht im Kindergarten gespielt werden soll und auch Eltern oder Großeltern ist das wohlbekannt. Trotzdem ist es die tägliche Aufgabe der Erzieherin, den Zollbeamten zu spielen, der dieses Spielzeug einkassiert und bis zum Abholen im Fach des Kindes aufbewahrt. Jeden Tag muss an die Regeln erinnert werden, müssen die Gründe dafür erklärt werden: Die mitgebrachten Spielzeuge könnten kaputtgehen, verlorengehen oder kleineren Kindern gefährlich werden. Sie würden zur Quelle ständigen Streits, ließe man sie zu. Die Aufmerksamkeit der damit spielenden Kinder würden sie fesseln und keiner würde mehr mit einem anderen Kind spielen. Das ist nicht vergleichbar mit den persönlichen Kuscheltieren der Kinder, die diese manchmal brauchen, um sich in schwierigen Momenten des Tages zu trösten.

Eine Erzieherin mit jahrzehntelanger Berufserfahrung seufzt:„Warum ist das heutzutage so schwierig geworden?" Eine Frage, der wir auf den Grund gehen sollten. Warum nehmen die Eltern das Spielzeug dem Kind nicht mehr selbst weg, bevor sie es bringen? Warum sind sie so lax bei diesem Thema? Und vor allem: Warum kaufen sie immer wieder neue Spielzeuge, obwohl sie doch genau wissen, wie schnell die Begeisterung darüber verblasst und wie voll das Kinderzimmer bereits mit solchen kaum bespielten Dingen ist?

Es gibt einen einfachen Grund dafür: Es liegt daran, dass wir es bei diesem Konflikt nicht nur mit drei Parteien zu tun haben – den Eltern, der Kita, dem Kind – sondern noch mit einem vierten, übermächtigen Akteur: Der Werbung. Ihr ist es gelungen, die Traumwelt der Kinder zu erobern, um sie für ihre Profitinteressen zu nutzen.

Mittlerweile sehen die meisten Kinder jeden Morgen bevor sie in die Kita gehen, noch eine Weile Zeichentrickserien und ähnliches im Kinderfernsehen – und vor, während und nach den Filmchen viele Werbespots. Diese sprechen die Kinder auf durchaus gut gemachte, kindgerechte Art an und zeigen, was es für schöne neue Spielzeuge zu kaufen gibt. Klar, dass sie diese geweckten Wünsche an ihre Eltern weitergeben und hartnäckig einfordern, um wenigstens einige Dinge davon zu bekommen. Die Eltern wiederum können nicht widerstehen, kaufen solche Dinge gegen den eigenen gesunden Menschverstand, denn sie sind sich der Unsinnigkeit dessen bewusst. Unter den Folgen leidet dann der Kindergarten.

▮▮▮ BLINDE PASSAGIERE

Wohl alle Kinder kennen die wichtigsten Figuren aus Zeichentrickfilmen, auch jene Kinder, die wenig Fernsehen schauen. Es ist ein Wissen, dass sich schnell weiterverbreitet. Die Figuren aus den Massenmedien schaffen einen gemeinsamen Bezugspunkt für alle Kinder in der Gruppe, sie reden darüber, vergleichen sich mit ihnen oder binden sie in ihre Rollenspiele ein und dies mit großer Leidenschaft.

Kostspielige Spielzeuge

Es ist Samstagmorgen, der Kindergarten ist heute zu. Auf dem Mäuerchen gegenüber dem Geschäft seiner Mutter hat Giulio eine große Zahl seiner Plastik-Monsterfiguren angeordnet. Er schiebt sie hin und her und lässt sie mit verstellter Stimme leise miteinander reden. Ich bin neugierig und gehe hin. Die Figuren sehen sehr seltsam aus und, wenn es nach meinem Geschmack geht, einer hässlicher als der andere. Wie winzig ihre Köpfe auf super-muskulösen Körpern sind! Sie sehen aus wie eine Kreuzung aus Mensch, Tier und Roboter. Ich frage Giulio, ob er mir erzählen mag, was das für Figuren sind. Mit großer Geste und Begeisterung stellt er mir sein umfangreiches Wissen vor. Und so lerne ich ein neues Spielzeug kennen: „Gormiti – die unbezwingbaren Herrscher der Natur".

Auch die Mutter von Giulio hat etwas zum Thema beizutragen: Den Preis für diese Sorte Spielzeug. Am Kiosk kostet (derzeit) jede Figur etwa 2 Euro und auf jeder Verpackung werden die Kinder aufgefordert: „Sammelt sie alle!". Weil es zwanzig verschiedene Figuren gibt, kostet das bereits 40 Euro. Aber damit sind die Ausgaben für die Gormiti noch lange nicht am Ende: Zu seinem Geburtstag, ruft Giulio in Erinnerung, müsse unbedingt noch die „Insel der Gorm" erstanden werden: „Andrea hat sie schon." Die Mutter seufzt: „Daran würde ich nie zweifeln – Andrea hat immer alles!"

Ich sitze beim Mittagessen in einem Kindergarten, den ich zum ersten Mal besuche. Die Kinder kennen mich noch nicht. Luigi, der neben mir sitzt, will etwas über sich erzählen: „Weißt du, was ich Zuhause habe? Den roten Power Ranger, der sich in einen Roboter verwandeln kann!" Verächtlich kommentiert Frederico: „Ich habe die DVDs von Power Ranger! Ich habe die ganze Serie, die stehen bei mir Zuhause alle nebeneinander!" Um mein neu erworbenes Wissen anzuwenden, frage ich: „Hast du Zuhause auch die Insel der Gorm?" „Ja, die habe ich auch!"

Diese beiden Geschichten – eine aus dem Kindergarten, eine außerhalb – ergänzen sich. Beide verbindet das Thema Massenmedien. Die Gormiti und Power Ranger (aber auch die Winx, Spiderman, Batman, Pokemon, Ben ten, Hello Kitty und viele andere Figuren aus den Massenmedien) kommen jeden Tag in den Kindergarten. Wie blinde Passagiere gelangen sie dort unbemerkt hinein, versteckt in den Gedanken der Kinder. Hinter dem Handel mit diesen scheinbar harmlosen Figuren stehen große wirtschaftliche Interessen. Das Ergebnis davon ist eine fortschreitende Kommerzialisierung des Spielens. Spielen bedeutet für Kinder mehr und mehr Spielzeuge zu besitzen. Für das Selbstbild eines Kindes ist es immer entscheidender, wie viele Spielzeuge es besitzt. Wer viel Spielzeug besitzt, ist viel wert, wer wenig (oder nichts) besitzt, wird ausgeschlossen.

Ein Gormito im Buggy
Die nächste Episode ist eine Art Karikatur: Mit wenigen Strichen beschreibt sie einen Moment des Wohlbefindens für Kinder. Es sind überbehütete, verhätschelte Kinder – überbehütet von der Werbewelt.

Missverstandene Bedürfnisse
Vor dem Zeitungskiosk warten Großvater und Großmutter neben einem leeren Buggy. Aus dem Laden kommt ihr Enkel, ein Kind von etwa zweieinhalb Jahren und winkt fröhlich mit einem Beutel. „Was hast du gekauft?", fragt sein Großvater. „Zeig doch mal!", sagt die Großmutter. Das Kind zeigt die erworbene Packung und die Großmutter liest das Etikett: Ein Gormito. Der Junge klettert in seinen Buggy, Großeltern und Enkelkind führen ihren Spaziergang fort. Der Großvater schiebt vorsichtig den Kinderwagen, die liebevolle Großmutter geht neben ihm her und das Kind thront passiv, aber vorübergehend sehr stolz auf seine Neuerwerbung, im Sitz. Das Ganze findet in der Fußgängerzone einer sorgsam restaurierten Altstadt statt, die sauber und ein wenig nach Puppenstube aussieht. Wenige Passanten sind unterwegs, denn es ist

ein ganz normaler Morgen an einem Werktag. Keinerlei Gefahren drohen dem Kind, außer dass es sich vielleicht bei einem Sturz aus dem Wagen das Knie aufschürfen könnte. Wie paradox: Die Großeltern glauben, dass ihr Enkelkind alt genug ist, sich selbst ein Spielzeug zu kaufen – aber sie schrecken davor zurück, es auf den eigenen Füßen laufen zu lassen.

In wenigen Monaten wird dieses Kind mit vielen Gleichaltrigen, die ähnlich aufwachsen, in den Kindergarten kommen. Dorthin wird es die Folgen einer Kindheit mitbringen, die voll von Dingen ist, aber leer an Erfahrungen. Dem Kind in unserer Geschichte ist ein zentraler Schritt der Autonomie vorenthalten worden, nämlich das eigenständige Gehen.
Der Ersatz dafür – in diesem Fall immer mal ein neues Spielzeug – kann den Mangel an unabhängiger Bewegung natürlich nicht kompensieren.
Wohlmeinend haben die Großeltern in unserer Geschichte versucht, dem Kind eine Freude zu machen, indem sie ihm erlaubt haben, sich ganz alleine etwas zu kaufen. Sie haben dabei übersehen, dass dieses scheinbare Bedürfnis ihres Enkelkindes diesem in Wirklichkeit von Erwachsenen aus der Spielzeugindustrie durch geschickte Werbung eingeredet wurde. Statt mit ihm zu spielen – zum Beispiel mit einem Fang- oder Versteckspiel in der Fußgängerzone – haben sie ihm ein Spielzeug geschenkt. Spielzeuge besitzen ist nicht das Gleiche wie Spielen können – immer wieder machen wir diesen entscheidenden Denkfehler.

Der Konsumwelt etwas entgegensetzen:

Mit einiger Mühe wäre es möglich, die ganzen Spielzeuge aus den Massenmedien aus Ihrem Kindergarten zu verbannen. Aber in den Köpfen der Kinder sind all diese Figuren natürlich dennoch präsent. Sie können nur versuchen, der Faszination für diese Konsumwelt etwas entgegenzusetzen.

Ein paar nützliche Tipps:

- Legen Sie einen Ort fest, an dem mitgebrachte Spielzeuge bis zum Abholen verwahrt werden.
- Legen Sie zu Beginn des Kitatages eine Zeit fest, in der die Kinder die während morgendlichem Fernsehen aufgebaute Spannung abbauen können.
- Sorgen Sie dafür, dass dafür gute, einfache Spielzeuge bereitliegen und dass es Erzählecken gibt.
- Reden Sie mit den Kindern, laden Sie sie ein, über ihre aktuellen „Helden" zu sprechen. Schließen Sie sich nicht selbst durch Desinteresse oder zur Schau getragene Abneigung aus diesem für ihre Kinder wichtigen Lebensbereich aus, denn das hieße, sie dort mit den Einflüssen der Konsumwelt völlig alleine zu lassen!
- Versuchen Sie, die Familien Ihrer Kinder für diese Thematik zu sensibilisieren – auch wenn Ihnen das der schwierigste Teil zu sein scheint. Es tut vielen Eltern gut, wenn sie erfahren, dass Sie gemeinsam an diesen Einflüssen der Konsumwelt leiden. Sprechen Sie darüber, wie Sie dem Kind gemeinsam helfen können. Legen Sie einen gemeinsamen Umgang mit dem Thema fest – immer im Sinne eines gesunden Menschenverstandes.

2 Eltern in Not

▌▌▌ SIE HABEN NICHT VIEL VON IHREN KINDERN!

Zwei ältere Damen unterhalten sich beim Warten an der Supermarkt-kasse: „Was ist mit Ihren Enkelkindern?" „Die sind die meiste Zeit bei uns ... Die Eltern haben nicht viel von ihren Kindern ...!"

Ein paar einfache Worte bringen das Problem auf den Punkt. Eltern haben zu wenig Zeit für ihre Kinder. Fragen wir uns, warum das heute so häufig vorkommt. Natürlich gibt es objektive Gründe dafür, etwa in der beruflichen Tätigkeit der Eltern. In solchen Fällen sind Großel-tern wie unsere beiden älteren Damen eine wertvolle Unterstützung, genauso wie es Bildungseinrichtungen sind.

Das Problem jedoch ist eigentlich ein anderes: Viele Eltern haben das subjektive Gefühl, dass ihnen die Zeit und die Muße für das Betreuen ihrer Kinder fehlt. Es scheint, als hätten die Eltern vor lauter alltäglichen Zwängen den Blick auf die eigentlichen Prioritäten verloren. Einfach wäre es, das zu verurteilen, aber es ist nützlicher, wenn wir versuchen, sie zu verstehen. Sie haben es nicht leicht: Es sind Eltern, die gefangen sind in einem Lebensstil, der wenig Raum für das Zusammenleben mit den eigenen Kindern bietet – obwohl doch gleichzeitig in den Medien immer wieder das Bild einer glücklichen Familie gezeigt wird! Viele

Familien leben in engen Wohnungen, haben wenig Zeit und Raum für gemeinsame Momente und fühlen sich alleingelassen. Sie fürchten sich davor, ihren Aufgaben als Erziehende nicht gewachsen zu sein, habe Angst vor Konfliktsituationen mit den Kindern und drücken sich davor, ein klares Nein auszusprechen. Die Kinder besitzen viele unnötige Dinge, aber oft fehlt ihnen das Wesentliche: Eltern, die Zeit für sie haben. Zeit, um das Zusammensein mit ihnen wirklich zu genießen … Es fehlen ihnen Eltern, die Zeit zum Reden mitbringen, auch über sich selbst: „Manchmal bin ich abends so müde, dass ich einschlafe, bevor ich mich ins Bett legen kann!"

Die Konsumwelt profitiert von diesen Schwierigkeiten der Eltern. In der folgenden Geschichte begegnen wir einer ganzen Palette an Produkten, die das ausnützt: Neben den bereits genannten Trickfilmen gibt es spezielle Kinderwagen, Windelhosen, Schnuller und eine ganze Menge von Spielzeug, das bereitsteht, um von verunsicherten Eltern gekauft zu werden. All diese Dinge ersetzen mehr und mehr die Begegnungen von Angesicht zu Angesicht zwischen Kind und Eltern.

▮▮▮ DER BILDSCHIRM UND DIE WORTE

Kleine Kinder behindern Projekte von Erwachsenen. Stören zum Beispiel ein Abendessen in einem Restaurant oder Arbeit am Computer. Für viele Eltern ist die Inkompatibilität zwischen Kindern und Erwachsenen ohne die Unterstützung einer Großfamilie ein Dilemma.

Eine bequeme Lösung

Ein junges Elternpaar sitzt mit seinem kleinen Sohn in einem Restaurant. Klar, dass der Kleine nach einer Weile Warten unruhig wird … Die Mutter zieht schnell ein Tablet aus der Tasche und stellt es vor das Kind. Auf dem Bildschirm erscheint ein Zeichentrickfilm, und wie von Zauberhand wird das Kind nun unbeweglich und starrt darauf. Jetzt können die Eltern ihre Mahlzeit in Ruhe genießen.

Ein Dialog zwischen zwei Vätern von Kleinkindern, die beide zu Hause arbeiten: „Wenn ich mit meinem Sohn alleine zu Hause bin, kann ich nicht länger als 10 Minuten am Stück arbeiten", sagt der eine. Der andere antwortet: „Ich habe das Problem gelöst, ich habe Pay-TV abonniert. Da laufen den ganzen Tag Kinderfilme!"

Was machen Eltern, wenn sie wichtige Aktivitäten im Beisein ihres Kindes erledigen wollen oder müssen? Der Markt bietet einfache Lösungen an: Den Bildschirm-Babysitter. Im Vergleich zu einem lebendigen Babysitter, der nach Stundentarif bezahlt wird, scheint der Bildschirm eine preiswerte Lösung zu sein – wären da nicht die versteckten Kosten! Zwischen Cartoons und Kind besteht eine Art Einbahnstraßen-Beziehung: Das Kind sieht das Geschehen auf dem Bildschirm, aber der Bildschirm sieht das Kind nicht. Die Filmfiguren unterhalten das Kind, aber gleichzeitig lassen sie es allein.

Darüber hinaus entsteht ein Ungleichgewicht zwischen der Spannung, die das Geschehen auf dem Bildschirm erzeugt und der Unbeweglichkeit des Kindes als Zuschauer. Die Anspannung steigt beim Zuschauen, um sich dann zu einem späteren Zeitpunkt zu entladen – vielleicht im Kindergarten, vielleicht dann, wenn die Eltern meinen, jetzt Zeit für das Kind zu haben ... Und so entsteht ein Teufelskreis. Um das Kind zu beruhigen, setzen wir es vor den Bildschirm, wo es zusätzliche Anspannung aufbaut, die mit weiteren Bildschirm-Momenten kaum aufgefangen werden kann.

Ernste Folgen hat das für die Sprachentwicklung. In den ersten Lebensjahren entwickelt sich Sprache im Zusammenspiel von Mund und Auge: Von Angesicht zu Angesicht mit dem Gegenüber versteht man, was Worte sagen wollen. Auch der Bildschirm produziert viel Sprache, aber es entsteht niemals ein gegenseitiges echtes Gespräch. Es scheint sinnvoll, dass wir Eltern darüber aufklären, wie nutzlos und gefährlich all die scheinbar pädagogisch sinnvollen Computer-Lernprogramme und Kinderfilme sind!

Fernseher, Computer und Tablet generell zu verteufeln, darum kann es an dieser Stelle nicht gehen. Eher darum, über einen sinnvollen Umgang damit nachzudenken. Klar kann uns der Bildschirm manchmal den Alltag mit Kindern ungemein erleichtern – aber wir sollten uns dabei immer bewusst sein, welche Risiken und Nebenwirkungen damit verbunden sind.

▮▮▮ DIE EINSAMKEIT IM KINDERWAGEN

Sitzt ein Kind im Kinderwagen, spielt es eine große Rolle für seine Beziehung zur Person, die den Wagen schieb, wie dieser aufgebaut oder eingestellt ist. Wenn sich Körper und Gesicht des Kindes beim Fahren der schiebenden Person zuwenden, kann man sich gegenseitig anschauen und miteinander reden. In der Regel jedoch sind Kinderwagen so aufgebaut, dass Kind und die schiebende Person in die gleiche Richtung blicken – und dadurch kaum miteinander ins Gespräch kommen, sich anschauen oder anlächeln können. Das mag günstiger für die Gewichtsverteilung im Kinderwagen sein, aber geht zu Lasten der Beziehung.

Nur für Erwachsene!

Zwei junge Mütter treffen sich auf dem Markt. Eine von ihnen schiebt ein Kind von etwa zwei Jahren im Kinderwagen, die andere trägt ihr wenige Monate altes Baby in einer Bauchtrage. Die Mütter begrüßen einander und halten einen Plausch. Das Kind im Kinderwagen bleibt davon ausgeschlossen, seine Sicht endet ungefähr auf Kniehöhe der Mutter. Es wartet passiv, sein Blick fällt ins Leere. „In der Kinderkrippe haben sie mich nicht genommen", erzählt die Mutter. Als wollte sie damit sagen: „Leider muss ich es wieder zurücknehmen."

Ich versuche, mir einen anderen Fortgang der Situation vorzustellen: Die Mutter wendet sich nach der Begrüßung ihrer Freundin ihrem Sohn im Kinderwagen zu, löst den Gurt und sagt: „Komm, Gianni, ich möchte dir Matteo vorstellen, ein ganz kleines Baby! Schau, wie ihn seine Mutter in der Bauchtrage trägt. Du kannst dich nicht erinnern, aber als du klein warst, habe ich dich ganz genauso getragen! Dann bist du größer und größer geworden und jetzt würde das gar nicht mehr funktionieren!" In meiner Fantasie hebt die Mutter von Matteo diesen danach vorsichtig aus der Bauchtrage, damit Gianni ihn besser betrachten kann. Anschließend setzt sie ihn auf den Boden und begrüßt die Freundin. Auch der kleine Gianni begrüßt sie. In meiner Fantasie sagt Giannis Mutter dann noch: „Willst du deinen Kinderwagen ein bisschen schieben? Vorher gehen wir noch zum Obststand, da kaufen wir uns schnell einen Apfel gegen den Hunger!" Aber es ist nicht so gewesen. Das Kind blieb im Kinderwagen, in seiner Einsamkeit, ausgeschlossen von diesem kleinen Plausch. Die Mutter bezog ihn nicht in ihre Begegnung, ihr Gespräch ein. Wenn Gianni (und viele andere Kinder wie er) einmal in den Kindergarten geht, hat er sich daran gewöhnt, bei solchen Begegnungen unbeteiligt zu bleiben, ohne Kontakt zu anderen aufzunehmen. Er muss seinen Wunsch nach Autonomie und Beteiligung erst wiederentdecken.

■■■ ÜBERTRAGENE AUFGABEN

Wie Krippenerzieherinnen aus jahrelanger Erfahrung wissen – und wie es die folgende Geschichte zeigt – ist das Wechseln einer Windel eine große Herausforderung. Neben der reinen Pflegeaufgabe geht es schließlich dabei auch um die Beziehungsgestaltung in einem körperlich sehr intensiven Moment. Windelwechseln ist ein ganz besonderer Moment in der Erziehung.

Ein fragwürdiger Windeldienst

Wie jeden Tag sagt Matilda auch heute Vormittag zu ihrer Erzieherin: „Ich hab Kaka gemacht!" „Sag bitte Grazia (das ist die Helferin) Bescheid", antwortet diese, „aber du musst ein bisschen warten, denn sie bereitet gerade das Essen vor!" Matilda trägt nämlich als eines von wenigen Kindern im Kindergarten noch Windeln. Nicht weil sie schon sehr früh dort hingekommen ist: Sie war beim Eintritt in den Kindergarten wie die meisten Kinder bereits drei Jahre alt.

Matilda erwartet Grazia im Vorraum des Badezimmers, wo es ein Waschbecken und ein Regal für Wechselwäsche gibt. Die Helferin zieht Einmalhandschuhe an und kniet sich neben dem Mädchen hin. Während sie die Windel wechselt, spricht sie freundlich mit dem Kind: „Erstmal ziehen wir dir die Schuhe aus, damit wir die Hose besser ausziehen können... So, jetzt heb mal den Fuß hoch..." Die Windel von Matilda sieht aus wie eine Unterhose, ist ein bisschen dicker und mit rosa Blumen geschmückt. Als Grazia sie entfernt, riecht man den starken Geruch von „Kaka". Sie wirft die volle Windel in den Müllsack, reinigt den Po des kleinen Mädchens mit Toilettenpapier, hebt Matilda auf die Höhe des Waschbeckens, lässt das Wasser laufen, bis es warm ist, spült den Po des Mädchens ab, trocknet ihn mit Einmalhandtüchern, stellt Matilda zurück auf den Boden und schließt den Kordelzug des Abfalleimers. Trotz Windel triefen Hose und Socken vor Pipi. Die Helferin legte die schmutzige Wäsche in einen Plastikbeutel, den das Kind mit nach Hause nehmen wird; in die Wechselkleider-Box legt sie saubere Sachen und hilft Matilda beim Anziehen von Hose und Schuhen... Das passiert jeden Tag.

Windeln zu wechseln, ist eine Aufgabe mit hohem logistischem Aufwand, für die ein (italienischer) Kindergarten kaum Ressourcen zur Verfügung hat. Um Matilda zu unterstützen, muss die Erzieher-Helferin viele ihrer eigentlichen Aufgaben hinten anstellen (ans Telefon gehen, die Tür öffnen, das Frühstück vorbereiten). Im italienischen

Kindergarten gibt es anders als in der Krippe keinen Wickeltisch, keinen speziellen Behälter für verschmutzte Windeln und auch der Personalschlüssel ist nicht auf das Wickeln von Kindern eingerichtet. Windeln zu wechseln stellt für den Kindergarten also ein Problem dar. So sehr das Windeltragen von Matilda auch individuelle Ursachen haben könnte, kann man dahinter einen merkwürdigen Trend ausmachen. Immer mehr Eltern übertragen eigene Aufgaben an die Bildungseinrichtungen ihrer Kinder. Anstatt den Entwicklungsschritt des Sauberwerdens daheim mit den Kindern zu meistern, lassen sie diese klammheimlich in die Verantwortung des Kindergartens wandern. In diese Konstellation drängt sich zusätzlich die Industrie, die für die Schwierigkeiten der Eltern bei der Begleitung dieses Entwicklungsschrittes eine simple Lösung parat hat: Windeln, die schon wie Unterhosen aussehen. Und wieder entsteht daraus ein Teufelskreis, denn die Erziehungsprobleme der Eltern werden keinesfalls damit gelöst, dass sie sie einem Produkt anvertrauen.

Das ist ein Mechanismus, den wir auch beim übertriebenen Gebrauch von Schnullern beobachten können, die längst zum nicht mehr wegzudenkenden Accessoire geworden sind – und entsprechend immer aufwändiger gestaltet werden, bis hin zu Blinklichtern! Viele Kinder nutzen ihren Schnuller den ganzen Tag über, nicht nur in den Ruhephasen. Mit einem Nuckel im Mund spricht ein Kleinkind weniger und schlechter, aber für Mutter oder Vater ist es einfacher, als dem Kind zu helfen, ohne einen Schnuller auszukommen. Und so wandert auch dieser Entwicklungsschritt in die Aufgabe der Kindereinrichtung.

▌▌▌ IMMER IM DIENST

Fußball, Artistik, Inline-Skaten, Musik, Englisch und so weiter ... Heutzutage ist es normal für Kinder, viele Verpflichtungen außerhalb der Schule zu haben. Dieser „Normalzustand" tangiert längst auch den Kindergarten. Vor allem aber betrifft er die Kinder, weil er ihr Alltagsleben verändert.

Vollgestopfte Tage

„Heute ist Montag, da fahren wir nicht zusammen im Schulbus, da kommt meine Mama und bringt mich zum Fußball!" sagt Leonardo zu seinem Freund Matteo. „Weiß ich", antwortet dieser, „und morgen gehe ich zum Fußball!"

Überall, wo Marta nur ein wenig freien Platz auf dem Boden findet, schlägt sie Rad, also viele Male am Tag. Auch ihre Freunde probieren das, aber Marta kann es einfach besser. Die Mädchen gehen alle zusammen zum Artistik-Kurs.

David erzählt der Lehrerin: „Wenn ich aus dem Kindergarten nach Hause komme, hab ich jeden Abend noch was zu tun. Manchmal gehe ich skaten. Da üben wir für eine Aufführung. An einem anderen Tag gehe ich zur Musikschule. Ich lerne Geige spielen. Auf meiner eigenen Geige, die hat mir Mama gekauft! Und an noch einem anderen Tag gehe ich zum Englischunterricht ..."

Kinder haben heute viele Verpflichtungen außerhalb des Kindergartens. Dort erzählen sie davon („Heute gehen wir zum Fußball"), zeigen ihre Fähigkeiten vor (ein Rad schlagen), und berichten, wie sich das anfühlt („Jeden Abend hab ich was zu tun"). Wir können diese Erzählungen nicht ignorieren, sondern müssen ihnen zuhören und mit den Kindern darüber sprechen. Indem die Kinder erzählen, verarbeiten sie ihre Erfahrungen. Zusammengenommen ergibt sich aus den vielen Berichten ein Bild ihrer Lebenswelt – es gleicht einem Patchwork.

Diese Kursangebote außerhalb der Bildungseinrichtung scheinen regelrecht ansteckend zu sein. Es gibt Eltern, die für ihre Kinder solche von Kursleitern durchgeführten Veranstaltungen sogar tagsüber, während der Zeit im Kindergarten, wünschen. Diesem Druck unterwirft sich mancher Kindergarten und bietet mehr und mehr Lernangebote an, statt dem Bedürfnis der Kinder gerecht werden zu wollen – nach mehr Zeit zum Spiel, nach weniger vermittelter Bildung. Manche Eltern scheinen sich Kinder wie eine Art Einkaufswagen vorzustellen – im Supermarkt der Bildung: Es gilt, möglichst viele hochwertige Aktivitäten aus den Regalen dort hineinzuladen, bevor man zur Kasse geht. Je voller der Wagen ist, desto besser!

Wir wissen, dass die Dinge anders liegen. Kinder bilden sich nicht, indem sie eine möglichst große Zahl von Bildungsangeboten besuchen. Bildung ist ein viel komplizierterer und grundlegenderer Prozess. Wir sollten Eltern begreifbar machen, dass statt all der Kurse die vielen „Nicht-Aktivitäten" im Kindergarten viel wichtiger sind: der Tagesablauf mit seinen Routinen, das Spiel drinnen und draußen, die Gruppe, in der sich Kinder nach eigenem Tempo gemeinsam ein Bild von der Welt machen.

IN DER PRAXIS

Tipps für Eltern

- Verwenden Sie den Bildschirm nicht als Babysitter.
- Sprechen Sie so viel wie möglich mit Ihren Kindern. Der einfache Akt des direkten Gesprächs mit einem Kind von Angesicht zu Angesicht hat unschätzbaren Wert. Nutzen Sie dafür jede alltägliche Situation (beim Essen, bei Spaziergängen, beim Baden). Auch beim Diskutieren und Streiten – das ist normal und unvermeidlich – kommen Sie sich sprechend näher! Sprechen Sie darüber, was Sie gerade tun, was Sie gemacht haben und was bald geschehen wird.
- Nutzen Sie auch Fahrten zwischen Elternhaus und Kindergarten. Auch im Auto, in Bus und Bahn ist Zeit, miteinander zu sprechen.
- Beschränken Sie die Nutzung des Kinderwagens auf die notwendigsten Fahrten. Nutzen Sie einen Kinderwagen, bei dem Ihr Kind Ihnen gegenüber sitzen kann.
- Lassen Sie stattdessen so oft wie möglich Ihr Kind auf eigenen Beinen gehen. Das ist sicherlich anstrengend bei kleinen Kindern, wenn Sie ständig aufpassen müssen, oft stehen blei-

ben und nur langsam vorankommen. Aber auf diese Weise entwickelt Ihr Kind Autonomie und Selbstwertgefühl. Und die Beziehung zwischen Eltern und Kind wird verbessert, Tag für Tag, mit vielen kleinen geteilten Abenteuern.

Tipps für den Kindergarten

- Stellen Sie im Eingangsbereich des Kindergartens eine Bank auf (oder mehrere Bänke und Sofas). Sie sind eine unausgesprochene Einladung für Eltern, sich einen Moment mit ihrem Kind niederzulassen. In der Eile der morgendlichen Bringesituation ist es sicherlich nicht einfach, der Einladung zu folgen – aber bestimmt beim Abholen.
- Überzeugen Sie die Eltern, ihr Telefon auszuschalten, während sie ihre Kinder begleiten oder mit ihnen spielen. Es ist wichtig, ihnen zu zeigen, dass sie dabei voll und ganz zu ihrer Verfügung stehen!
- Schaffen Sie Platz für Foto-Dokumentationen im Eingangsbereich des Kindergartens, erneuern Sie die Bilder regelmäßig. Das erleichtert denn Kindern, ihren Eltern etwas von den Erlebnissen des Tages zu erzählen. Möglich ist auch, aus solchen Fotos kleine Alben herzustellen – vielleicht mit einem Einsteck-Fotoalbum – das die Kinder mit nach Hause nehmen können, um es dort ihren Eltern zu zeigen. So fungiert es als „Brücke" zwischen Familie und Kindergarten.

3 Langsam ist schöner

■■■ EINE NEUÜBERDACHTE PRODUKTIVITÄT

Man sagt *Zeit ist Geld*, dass man *keine Zeit verlieren darf* und auf keinen Fall *Däumchen drehen sollte*, statt die *kostbare Zeit* zu nutzen. Schnelligkeit ist für unsere Gesellschaft ein hoher Wert, als gelte es andauernd, eine Rennsportmedaille zu gewinnen.

Längst ist es für die Industrie in unserer globalisierten Welt üblich geworden, alle Arbeitsabläufe gründlich auf die kleinsten Zeitreserven zu überprüfen: Hinter dem Zauberwort Effektivität steht die Vorstellung, man wäre nur dann wettbewerbsfähig, wenn man bei der Arbeit jeden Bruchteil einer Sekunde optimal ausnutzt. Denkt man dieses Bild zu Ende, dann müsste man sich den idealen Arbeitnehmer als eine Art Roboter vorstellen, der nie ermüdet, immer im gleichen hohen Tempo arbeitet und sich nicht einmal ablenken lässt. Produktivität heißt für uns, in möglichst kurzer Zeit möglichst viel herzustellen.

Es ist gut, dieser Vorstellung, die für manch ein Berufsbild fast schon Realität geworden ist, andere Ideen vom Umgang mit der Zeit entgegenzusetzen. Ein schönes Bild davon hat der große Verhaltensforscher Konrad Lorenz schon 1949 skizziert:

„Wenn ich an einem heißen Sommertage über die Donau schwimme und dann, tief in den Auen, an einem verträumten Arm des großen Stromes wie ein Krokodil im Schlamm liege, [...], gelingt es mir manchmal, ein Wunder zu vollbringen, das die größten orientalischen Weisen als höchstes Ziel anstreben: [...] die Zeit steht still, sie bedeutet nichts mehr, und wenn die Sonne sinkt, die Abendkühle zur Heimkehr mahnt, weiß ich nicht, ob Sekunden oder Jahre vergangen sind. Dieses animalische Nirwana ist [...] ein wahrer Balsam für die vielen wundgeriebenen Stellen an der Seele."[9]

Die Angst, nicht produktiv genug sein zu können, scheint ansteckend zu sein. Produktivität und Effektivität scheinen fast mythische Werte geworden zu sein. Und so übertragen wir sie völlig unkritisch auf Bereiche, wo sie ganz bestimmt nicht hingehören. Zum Beispiel auf Krippe und Kindergarten. Immer fühlen wir uns gehetzt, wollen möglichst zügig beim Abarbeiten des Bildungsplans vorankommen und meinen, gegenüber Leitung, Eltern oder uns selbst Rechenschaft ablegen zu müssen, ob wir auch wirklich produktiv sind – und keine Zeit vergeudet haben.

Wir sollten uns lieber fragen: Ist im Bildungsbereich Eile wirklich angebracht – oder im Gegenteil eher kontraproduktiv?

Der Journalist Michele Serra schrieb folgende Kindheitserinnerungen auf: „Es liegt in der Einsamkeit und Leere bestimmter Nachmittag [...], da bin ich sicher, absolut sicher, dass ich mich selbst verstanden habe [...]. Wie viele unserer Kinder hatten die Gelegenheit, stundenlang nur dazusitzen und zu beobachten, wie eine Schnecke die Wand hochkriecht oder die Schatten am Abend länger werden?"[10]

Der französische Ökonom und Philosoph Serge Latouche erzählt: „Vor Jahren traf ich einmal einen laotischen Bauern. Er saß am Rand eines Feldes. Ich fragte ihn: „Was machst du?" Er antwortete: „Ich höre, wie der Reis wächst!"[11]

Inmitten der Hektik der Konsumgesellschaft wird der Ruf nach Langsamkeit laut. Denken wir nur an den Erfolg der *Slow Food* Bewegung:

---

9   Lorenz, Konrad: Hundstage. München 1996.
10   Serra, Michele: Die Liegenden, Zürich 2014.
11   Latouche, Serge: Petit traité de la décroissance sereine, Paris 2007.

Paradoxerweise ist aus diesem Konzept der Langsamkeit selbst eine Art Industrie geworden. Wir können für viel Geld Reisen in entschleunigte Urlaubsquartiere kaufen, fliegen in die letzten exotischen, unberührten Paradise, übernachten in stilvollen Hotels mit Panoramablick, besuchen Yogakurse, genießen Massagen oder tauchen im Thermalbad ab. Zum Glück gibt es die Entschleunigung auch zum Nulltarif: Zum Beispiel in Form der Ruhe, mit der sich zwei Kinder unter dem Tisch aus vielen Tüchern eine Höhle für sich und ihre Spieltiere bauen – später kommen wir darauf zurück.

▰▰▮ FRUCHTBARE FREIZEIT

Früher einmal, da war die Zeit leer und frei, riesengroß, ruhig, großzügig bemessen, und Langeweile gehörte zur Kindheit untrennbar dazu. Erinnern sich ältere Menschen an ihre Kindheit, hören wir immer wieder Sätze wie die folgenden: „Wir haben eigentlich mit Nichts gespielt", „Die Zeit reichte nie aus!", „Plötzlich war es dann Abend…"

Was bedeutet „Die Zeit reichte nie aus"? Ein Vorhaben entwickelte sich aus dem vorangehenden, es gab nie einen Punkt, wo man „fertig" war mit etwas. Man wusste nicht, wann man aufhören musste zu spielen; nur, wenn es „plötzlich Abend war", galt es, schnell nach Hause zurückzukehren. Die Kinder damals erlebten lange leere Zeiträume, und niemand außer ihnen selbst sagte, wie man sie nutzen könnte. Man war vertraut mit dieser Leere, die in Wirklichkeit Fülle war, weil es unendliche Möglichkeiten gab, sie zu füllen – mit Spielen mit Nichts. Diese Zeiträume umfassten auch viele tote Punkte, große Momente der Langeweile, aber genau aus diesen entwickelten sich bald neue Vorhaben: „Was wollen wir jetzt tun?".

Früher einmal endete der Kitatag vor dem Mittagessen. Zu Hause gab es keinen Fernseher oder Computer. Gleich nach dem Mittagessen begann die leere Zeit. Die Sommerferien waren lang: Vier Monate leere Zeit!

Mehr und mehr wurde die leere Zeit außerhalb von Krippe und Kindergarten beschnitten. Um auf neue gesellschaftliche Bedürfnisse zu reagieren, wurde in den Krippen und Kindergärten Früh- und Spätbetreuung eingeführt, dazu viele Aktivitäten angeboten, im Sommer Ferienspiele.

Hinzu kam noch der beschriebene Einfluss der Massenmedien mit ihrem Dauerprogramm. Und so entwickelte es sich Zug um Zug, dass die Zeit der Kinder heute fast ausschließlich von Erwachsenen organisiert wird. Was wir immer noch Freizeit nennen, ist kaum noch frei im Sinne von frei verfügbar.

Die Freizeit der Kinder ist von uns gefüllt worden, aber gefüllt ist eben nicht das Gleiche wie erfüllend. Je mehr wir die Zeit der Kinder mit Terminen und Verpflichtungen vollstopfen, desto weniger Muße haben sie, in die Tiefe zu gehen. Ständig gibt es etwas neues zu erfahren, zu lernen, zu üben – aber nie ist Zeit, sich in die Dinge zu vertiefen, um aus oberflächlichem Interesse vielleicht eine Passion werden zu lassen. Und so durchleben die Kinder volle Zeiten, um sie mit leeren Händen zu verlassen.

Ein weiser Spruch aus Togo lautet: „Die Europäer haben die Uhr, die Afrikaner haben Zeit." In Anlehnung daran, könnte man sagen: „Die Erwachsenen haben die Uhr, die Kinder haben Zeit." Oder besser gesagt: „Früher hatten die Kinder Zeit – und heute haben auch sie die Uhr."

Es bringt wenig, nostalgisch zu werden. Aber es ist gut, vielleicht sogar unbedingt notwendig, mit Erziehern und Eltern über diesen Wandel nachzudenken. Vielleicht führt das dazu, dass wir unsere Meinung zum Thema Zeit überdenken.

▮▮▮ LEISTUNGSDRUCK

Gegen Ende des Winters freuen wir uns auf die Mandelblüte. Wenn wir Lust haben, können wir den Baum etwas düngen, besonders gut gießen – aber es ist nutzlos, ihn zur Eile zu drängen: Der Mandelbaum blüht, wenn es für ihn Zeit ist. Manchmal etwas früher, manchmal ein paar Tage später als sonst, je nachdem, ob es ein kalter oder warmer Frühling ist. Er folgt seinem eigenen Tempo, eben dem Tempo der Pflanzen.

In einem gewissen Sinn ist das Tempo der Pflanzen auch das für die Kinder. Nehmen wir das Beispiel des Zahnwechsels. Mit etwa sechs Jahren beginnen die meisten Kinder, ihre ersten Milchzähne zu verlieren. Natürlich verlieren die Kinder ihre ersten Zähne nicht zum exakt gleichen Zeitpunkt, manche sind schneller und manche langsamer. Trotzdem denken wir uns keine Untersuchungstechnik aus, um zu überprüfen, ob und wann die bleibenden Zähne bei den langsameren Kindern durchbrechen, und wir machen uns keine Sorgen, wenn ein Kind beim Zahnwechsel etwas im Rückstand ist. Leider fehlt diese Gelassenheit, wenn es um wichtige Schulfähigkeiten geht – da überfällt uns schnell der Leistungsdruck.

Genauso sinnlos wie den Frühling des Mandelbaums künstlich vorzuverlegen ist es auch, die natürliche Entwicklung eines Kindes beschleunigen zu wollen – und sogar kontraproduktiv. Der Prozess, mit dem sich ein Kind entwickelt, wird trotz aller Bildungsprogramme und Studien immer ein Vorgang bleiben, den wir nie ganz verstehen werden. Jedes Kind hat seine eigene Persönlichkeit, seine eigene Geschichte, seine eigene Zeit. Diesem individuellen Wachstumstempo und Weg sollten wir mit Respekt und Vertrauen folgen. Wir dürfen nicht in die Falle gehen, aus Kindern „Frühobst" machen zu wollen, denn wir wissen doch: alle Früchte, die vor ihrer Jahreszeit reifen, schmecken schlechter und verderben schneller.

■■■ SICH ZEIT NEHMEN

Thich Nhat Hanh, ein Zen-Meister, erzählt die Geschichte von einem Mann, der auf einem dahinfliegenden Pferd sitzt und es hat den Anschein, als müsse er ganz schnell zu einer dringenden Verabredung. Am Wegesrand steht ein Mann, der ruft: „Wohin des Weges?"

Worauf der Reiter antwortet: „Keine Ahnung! Frag das Pferd!"[12]
Wir sind wie der Reiter auf dem Pferd. Wir wissen nicht, wohin es
geht, und können nicht anhalten, sondern eilen weiter und weiter.
Setzen wir uns für einen Augenblick auf das Pferd und überlegen:
Wohin geht deine Reise im Kindergarten? Warum beeilst du dich?
Wir sollten versuchen, die Sache mit dem Tempo wieder selbst in
die Hand zu nehmen. Indem wir über Prioritäten nachdenken. Was
bedeutet Produktivität in Bezug auf Bildung? Bildungseinrichtungen wie Krippe und Kindergarten sind keine Lernfabriken, sondern
Lebensorte. Die Kinder, die sie besuchen, sind nicht „Schüler", sondern zuerst einmal Menschen. Menschen, die miteinander in Beziehung stehen, Menschen, um deren Wohlergehen man sich sorgen
muss.
Der belgische Bildhauer Folon hat die Zeit einmal als wandelnden
Riesen dargestellt. Dessen Kopf besteht aus einer großen Uhr, aber
deren Zeiger hält er unter dem Arm. Auch in Krippe und Kindergarten
sollten wir uns gönnen, die Uhrzeiger herauszunehmen und unter
dem Arm festzuhalten, um stattdessen wirklich im Tempo der Kinder
voranschreiten zu können.
Wir sollten uns mehr Zeit nehmen für all die informellen Momente,
mehr Zeit, um Zufallsbeobachtungen zu machen und darüber zu
reden. Zeit, um Pfützen zu erkunden und zu betrachten, wie die
Ameisen eine Straße bilden. Zeit, um gemeinsam über Fragen wie die
folgenden nachzudenken: Warum verschwindet das Wasser aus der
Pfütze irgendwann – und wo ist es dann? Woher wissen die Ameisen,
wie sie die Straße bauen sollen? Und was machen sie, nachdem sie in
ihren Hügel hineingekrabbelt sind?
Wir sollten uns Zeit nehmen, um aus dem Fenster zu schauen (das
dafür vielleicht erst einmal von allerlei Sichthindernissen in Form
von Fensterbildern befreit werden muss), um dort die Welt um uns
zu betrachten. („Wenn Wind weht, sagen die Bäume Guten Morgen",
sagte ein Mädchen)

---

12   Hanh, Thich Nhat: Das Herz von Buddhas Lehre: Leiden verwandeln – die Praxis des
      glücklichen Lebens, Freiburg 2004.

Wir sollten uns auch für schnelle Momente Zeit nehmen. Aber nicht mit dem Ziel, Erster bei einem Wettlauf zu sein. Sondern mit dem einzigen Ziel, die Schnelligkeit zu genießen. Der Weg sei unser Ziel – auch beim Rennen und Galoppieren.

4 Die unsichtbaren Krippen und Kindergärten

▌▌▌ DAS NICHTFASSBARE AUSSPRECHEN

„Meine Arbeit ist zu einem Bürojob verkommen", klagt eine lang-jährige Erzieherin. „Wenn ich früher zu Hause war, habe ich darüber nachgedacht, was ich mit den Kindern tun könnte. Heute überlege ich mir, wie ich das, was ich vorhabe, meiner Leitung gegenüber begrün-den kann. Manchmal komme ich mir vor wie ein Bürohengst: Meine Arbeit besteht immer mehr aus Papierkram!"

Um die Erwartungen ihrer Eltern zu erfüllen, um die Finanzierung abzusichern, um wichtige Verwaltungsaufgaben zu erfüllen, um produktiv zu sein, beschäftigt man sich heute viel damit, pädagogi-sche Arbeit auf vielfältige Weise sichtbar zu machen – durch Foto-dokumentation, Arbeitsergebnisse, Berichte, Präsentationen, Auf-führungen. Wer im Bildungsbereich arbeitet, weiß aber auch, dass es zentrale Aspekte unserer Arbeit gibt, die man weder fotografieren, vorführen, noch mit wenigen Worten beschreiben kann: Quasi eine immaterielle, nicht quantifizierbare Dimension. Eine Dimension, die aus Blicken zueinander besteht, aus Gesprächen, gemeinsam ent-wickelten Gedanken, vertrauensvollen Beziehungen, die mit der Zeit gewachsen sind. Eine Dimension, die aus gemeinsamer Begeisterung, dem festen Gefühl der Zugehörigkeit, dem Stolz auf neu erworbene Fähigkeiten und der Rückschau auf gemeinsame Erlebnisse besteht. Ein Pädagoge weiß auch, dass diese wesentliche Dimension oftmals nicht mit den sichtbaren Aspekten der Arbeit übereinstimmt. Er weiß, dass sich in jedem langen Krippen- oder Kitatag wenige dieser besonderen Momente verstecken, die man kaum wiedergeben kann. Wir sollten versuchen, diese unsichtbaren Aspekte der pädagogischen Arbeit zu erforschen und zu erklären, um ihnen – auch von Seiten der Theorie – mehr Beachtung zu schenken.

■■■ STANDPUNKTE

Hinter der sichtbaren Erscheinung eines Gebäudes – wie Italo Calvino es im Buch Die *unsichtbaren Städte*[13] beschreibt – gibt es eine versteckte und komplizierte Realität und das, was man davon sieht, hängt stark vom Standpunkt des Betrachters ab.

„Schreitest du pfeifend umher, mit erhobener Nase, und schaust dir die Stadt von unten nach oben an, siehst du Balkonbrüstungen, wehende Jalousien, aufsteigende Luft. Gehst du hingegen mit gesenktem Haupt umher, mit dem Kinn an der Brust und den Händen zur Faust geballt, dann bleibt dein Blick hängen an dem, was auf dem Boden ist: Dreckpfützen, Abfall, Fischschuppen, Gullydeckel. Man kann nicht behaupten, dass die eine Sichtweise wahrer ist als die andere!"

Wie die unsichtbare Stadt gibt es auch die unsichtbaren oder kaum sichtbaren Krippen und Kindergärten. Eine Bildungseinrichtung ist wie die Stadt ein komplexes Gebilde, das man je nach Blickwinkel ganz unterschiedlich wahrnehmen kann (und dabei jeweils bestimmte Aspekte übersieht!). Je nachdem, welche Rolle man in ihr spielt, ob Pädagoge, Elternteil, Trägervertreter, Hausmeister, Hilfskraft, Kind, verändert sich der Blick.

---

13 Calvino, Italo: Die unsichtbaren Städte Frankfurt Fischer Taschenbuch Auflage 2 2013

Man kann nicht behaupten, dass die eine Sichtweise wahrer ist als die andere!", sagt Calvino über seine Stadt Zemrude und dieses Prinzip gilt auch für Krippe oder Kindergarten. Jeder Beteiligte in den Einrichtungen sieht diese aus seinem individuellen Blickwinkel. Und weil die Ansichten jedes Beteiligten in einer Gruppe für die anderen unsichtbar bleiben, können Missverständnisse entstehen. Das erinnert uns an ein bekanntes indisches Märchen über einen Elefanten.

Sechs Blinde sollen beschreiben, wie ein Elefant aussieht.
Jeder berührt dafür eine Seite des Tieres. „Er ist wie eine Wand",
sagt der erste, der ihn an der Seite berührt. Der Blinde, der das Bein
befühlt, sagt, dass ein Elefant wie eine Säule sei. Der, der den Schwanz
befühlt, meint, dass ein Elefant sich wie ein Seil anfühle;
der, der den Rüssel befühlt, dass ein Elefant Ähnlichkeit
mit einem Ast habe. „Wie ein Handfächer!", glaubt der zu erkennen,
der das Ohr befühlt hat, wohingegen der Blinde, der den Stoßzahn
befühlt, sicher ist, dass ein Elefant wie eine solide Säule aussehen
müsse. Jeder ist davon überzeugt, Recht zu haben, und so geraten
die sechs blinden Männer in einen Streit.
Ein Weiser gebietet Einhalt und erklärt: „Der Elefant ist ein großes Tier.
Jeder von euch hat nur ein Ende davon berührt. Ihr müsst alle eure
Eindrücke zusammennehmen – und dann habt ihr erst verstanden,
wie der Elefant aussieht!"

Jede Krippe, jede Kita ist ein bisschen wie der Elefant, und die Leute, die beteiligt sind, neigen dazu, ein bisschen zu sein wie die Blinden des Märchens. Man muss sich bemühen, all deren Sichtweisen auf die Bildungseinrichtung zusammenzubringen, um alle Aspekte vom Wesen dieses „Elefanten" berücksichtigen zu können. Schon deswegen, weil jede Seite das Recht hat, mit ihrer ganz persönlichen Sicht ernstgenommen zu werden.

Vor allem aber müssen wir immer daran denken, Krippe und Kindergarten durch die Augen der Kinder zu sehen. Obwohl sie der Grund sind, dass es diese Einrichtung gibt, bleibt ihre Sicht in den Gesprächen der Erwachsenen merkwürdigerweise oft ausgespart. Wir neigen oft dazu, über die Kinder zu reden, als wären sie Objekte, die man eben erziehen, bilden, bewerten, ermahnen, unterhalten muss ... Aber auch wenn es banal klingen mag: Kinder sind in erster Linie Menschen. Jeder ist einzigartig, jeder hat seine eigene Geschichte, jeder will so angenommen werden, wie er ist, mit allen Licht- und Schattenseiten. Vor allem aber: Jeder braucht es, gesehen zu werden.

▮▮▮ WAS IST UNS WICHTIG?

„Wir haben die wichtigsten Momente dokumentiert", sagt mir eine Erzieherin, als sie mir die Portfolios ihrer Kinder vorstellt. Über das Wort *wichtig* stolpere ich: Für wen waren die Momente die Wichtigsten – für das jeweilige Kind? Oder für die Pädagogen, die Eltern, die Leitung, für die Erwachsenen im Allgemeinen? Die Alben enthalten verschiedene kleine Arbeitsergebnisse, Fotos von Festen und Ausflügen, ein paar Liedtexte. Es macht durchaus Freude, die schön gestalteten Ordner durchzublättern, aber ich frage mich, ob sich die Kinder selbst in diesem Album wiederfinden. Sind das ihre wichtigsten Momente im Alltag gewesen? Oder was könnte aus ihrer Sicht das Wichtigste sein, das man unbedingt festhalten und damit in Erinnerung behalten sollte?

Man kann das Alltagsleben in Krippe und Kindergarten in Portfolio und Tagebuch aus verschiedenen Blickwinkeln wahrnehmen. Eines jedoch ist unumgänglich: Wie die Kinder die Sache sehen, muss uns einfach interessieren. Gerade, weil dieser Blick unseren Blick darauf lenkt, welche Momente wir allzu gerne übersehen – zum Beispiel solche wie die folgenden:

- „Auf der Schaukel kann man gefährliche Sachen ausprobieren! Da versuchen wir, ganz doll zu schaukeln und dann mit einem großen Sprung ins Gras zu springen. Oder wir probieren aus, so doll zu schaukeln, dass man die Hecke gegenüber mit den Füßen berührt. Manchmal tut man sich dabei weh, aber wir schaukeln dann gleich weiter: Höher und höher!"

- „Wenn wir im Bad sind, dann reden wir ganz viel, zum Beispiel, wie es am Meer ist oder dass wir tanzen...“ „Im Bad erzählen wir uns Geheimnisse, weil wir dort unter uns sind...“

Mit der Schaukel ganz hoch hinaus, sich im Bad miteinander unterhalten: Das können für die Kinder mindestens genauso wichtige Momente sein wie Ausflüge, Feste, Projekte und Aufführungen. Wichtig aufgrund der großen persönlichen Beteiligung des Kindes, aber durchaus auch unter dem Gesichtspunkt des Lernens von großer Bedeutung. Besonders hoch schaukeln zu können, ist eine motorische Leistung. Sich einander über Dinge, die man sich vorstellt, etwas erzählen zu können, ist eine große Leistung für die kindliche Sprachfähigkeit.

■▮▮ EINE HAUSKONZEPTION VON KINDERHAND

Wie kann man dreijährigen Kindern helfen, sich an ihren neuen Kindergarten zu gewöhnen? Eine gute Idee ist es, für sie eine Vorstellung des Hauses herzustellen, in der mit ganz einfachen Worten beschrieben steht, was und wie man im Kindergarten lernt. Diese anschauliche, lebendige Version einer Hauskonzeption kann man dann allen neu aufgenommenen Kindern zukommen lassen, damit sie schon vorab erfahren, was sie bald erleben werden. Wer aber könnte den Kindergarten besser beschreiben als die ihn bereits lange besuchenden Kinder? Eine Vorstellung des Kindergartens durch die scheidenden ältesten Kinder, die an die Neulinge weitergegeben wird: Diese Idee ist nicht neu, schon vor über zwanzig Jahren schlug Loris Malaguzzi sie in den Kindergärten in Reggio Emilia vor.

Eine Kinder-Kita-Konzeption kann ein einfaches Dokument sein, bestehend aus wenigen Seiten und mit geringen Kosten hergestellt. Die Hauptsache ist die Qualität der Geschichten, ihre Frische und Authentizität.

Das Dokument hilft auch den herstellenden Kindern selbst, sich ihrer Alltagserfahrungen in der Kindergartenzeit bewusst zu werden.

Indem sie den neuen Kindern ihren Kindergarten erklären, sehen sie ihn mit anderen Augen, mit dem Blick von außen. Sie verstehen, was es heißt, über Jahre den Alltag miteinander geteilt zu haben.

Bei der Herstellung eines solchen Dokuments begreifen die Kinder auf intensive Weise, welche Möglichkeiten ihnen die Schriftsprache bietet: Das, was wir sagen, können wir damit festhalten, und fremde Menschen können es lesen (oder vorgelesen bekommen) und damit unsere Sprache, unsere Gedanken verstehen.

Das Verfassen eines solchen Textes ist darüber hinaus auch ein guter Weg, um mit den neuen Eltern in Kontakt zu kommen und ihnen von Anfang an ein Gefühl des Willkommen-Seins zu vermitteln. Man könnte die Gelegenheit der Übergabe dieses persönlichen Willkommensbriefes nutzen, um gleich ein Gespräch über Ideen und Erwartungen der Familien in Bezug auf die bevorstehende Kindergartenzeit zu führen. Wie auch immer Ihre individuelle Vorstellung aussieht, eines wird sie bestimmt vermitteln: Der Kindergarten bildet eine kleine Gemeinschaft, wohlorganisiert und beruhigend.

Schauen wir mal, was eine solche Vorstellung aus Kindersicht über ihre Einrichtung vermittelt:

- Es ist eine Gemeinschaft, die aus ganz bestimmten, namentlich genannten Menschen besteht, (aber bitte kein Nachname, wir sind per du). Jeder Mensch hat seine unverwechselbaren Charakterzüge: „Die Erzieherin Sandra trägt eine Halskette und Ringe, sie trägt immer weiße Sachen...“, „Die Erzieherin Cinzia Pasta isst die Nudeln fast immer ohne Soße, weil sie allergisch ist.“
- Es ist eine Gemeinschaft mit kleinen Ritualen: „Am Morgen muss man eine Karte mit dem eigenen Namen suchen und auf die Tafel stecken, die so aussieht wie der Kindergarten. Wenn jemand krank ist, steckt sein Name auf einer anderen Tafel, die die Form eines Hauses hat...“
- Es ist eine Gemeinschaft mit Regeln: „Es dürfen nicht alle zur gleichen Zeit reden, sondern einer nach dem anderen. Und Schreien ist nicht erlaubt! Hauen und Schubsen und Kratzen ist auch nicht erlaubt.“ „Man muss immer dran denken, den Deckel auf die Stifte zu machen, weil sie sonst austrocknen.“

- Es ist eine Gemeinschaft, die sich an bestimmten Orten aufhält: Gruppenraum, Bad, Garten. „Im Gruppenraum gibt es eine Menge Dinge. Da gibt es die Kochecke mit Geschirr, Gläser, Ofen und allem, was man zum Kochen braucht (natürlich nur im Spiel). Die Erzieherin stellt das Geschirr da immer schön auf. Man kann hier Matsche aus Wasser und Mehl machen. Mit Wasser und ganz wenig Mehl macht man die *Milch* für die Puppen. Wenn das Spiel vorbei ist, müssen wir einen Eimer nehmen und auf die Toilette gehen, um alle Töpfe zu waschen. Das Bad ist ein besonderer Ort, weil man mit dem Wasser spielen kann, wenn man es nicht verschwendet. Wenn wir gut miteinander spielen, kommt die Erzieherin nicht, um uns zu stören. Wir waschen die Puppen mit Wasser und Seife. Die Steine auf dem Boden waschen wir genauso wie Mama zu Hause. Mit den Lupen spielen wir immer Detektive. Im Garten gibt es zwei Rutschen. Auf der Großen tun wir immer so, als ob das ein Schloss ist und einer ist die böse Königin, jemand anderes ist die gute Prinzessin, die abhauen will und die anderen sind die Wache und jagen sie und rufen: Haltet sie fest!"
- Eine entscheidende Rolle spielen die Erzieherinnen: „Sie bringen uns viel bei und das ist fast nie langweilig, manchmal schimpfen sie auch mit uns, wenn wir Dinge machen, die nicht gut sind. Sie sagen uns, dass wir zuhören sollen und um Erlaubnis fragen sollen und das Zauberwort *Bitte* verwenden sollen und warten sollen, weil im Kindergarten ganz viele Kinder sind und sie haben doch nur zwei Hände …
- Auch die *Custode*, die Helferinnen, sind ein integraler Bestandteil der Gemeinschaft, indem sie bei vielen Arbeiten unterstützende Aufgaben übernehmen. Es gibt Kindergärten, wo die Kinder ihnen dabei helfen: „Marisa (die Helferin) erinnert die *Kellner* immer daran, dass sie vorm Tischdecken noch die Hände waschen müssen. Bevor wir essen, fegt Marisa, und wir helfen ihr dabei. Marisa bringt uns das Essen mit dem Essenswagen." Die Helferinnen haben eine besondere emotionale Funktion in der *Familie*: „Als wir noch ganz klitzeklein waren, mit drei Jahren und immer noch eingepullert haben, hat sie uns frische Sachen gegeben und gesagt: *„Was für ein Riesenpipi!"* und gelacht!"

Ideen für das Herstellen einer Kindergartenvorstellung

Die Befragung von Kindern nach Inhalten für dieses Dokument ist keine einfache Sache. Der Erzählfluss sollte ein bisschen gesteuert werden, sonst entsteht kein vollständiges Bild vom Leben im Kindergarten. Gleichzeitig müssen wir gut darauf achtgeben, dass wirklich die Kinder erzählen können – und nicht die Erwachsenen. Hier sind einige Tipps:

- Brechen Sie ein solches Projekt niemals übers Knie – wenn die Kinder nicht freiwillig dabei sind, entsteht höchstens ein langweiliges Werk voller Phrasen.
- Vermeiden Sie, dass das Erzählen zur Pflicht wird, die ohne Begeisterung ausgeübt wird – das Ergebnis wäre sonst entsprechend.
- Erklären Sie genau, welchen Hauptgrund das Projekt hat (die Einrichtung für die neuen Kinder vorzustellen).
- Führen Sie kurze Interviews. Es kann passieren, dass Sie mit einer großen Gruppe von Freiwilligen beginnen, die sich mehr und mehr verkleinert (und das ist okay).
- Das können Ihre Fragen sein: Wie kommst du zum Kindergarten? Was tust du, wenn du ankommst? Wer gehört zu unserer Gruppe, wer sind die Erzieher, wer arbeitet noch bei uns? Wie spielen wir? Was passiert im Garten, im Badezimmer, beim Mittagessen, beim Ausruhen? Welche Regeln gibt es?
- Halten Sie lustige und aussagekräftige Sätze der Kinder fest, um sie wie Puzzleteile zu einem späteren Zeitpunkt im Text wie eine geordnete Collage zusammensetzen zu können.
- Illustrieren Sie die Erzählungen der Kinder mit ein paar Bildern aus dem Alltag.
- Befestigen Sie die fertigen Seiten auf einer Tafel in Kinderhöhe.
- Schreiben Sie vor jedes vorzustellende Thema den Titel in Großbuchstaben auf (DAS MITTAGESSEN, DER GARTEN); die großen

Kinder werden ein paar Worte erkennen und Vermutungen über andere Worte anstellen („Vielleicht heißt es hier Spielen?").

• Geben Sie jedem Kind seine eigene Kopie des vollständigen Textes mit nach Hause, um sich damit noch lange an die Zeit im Kindergarten erinnern zu können. Immerhin handelt es sich bei diesem Einblick in das Alltagsleben um die Dokumentation eines Lebensabschnitts, der für vieles Zukünftige eine gute Basis geschaffen hat.

▌▌▌ KLEINE KONSTRUKTEURE

Eine der Hauptaufgaben der Erzieherin ist es, den Raum so zu organisieren, dass er die pädagogische Arbeit funktional unterstützt. Auf den Raum im Kindergarten haben jedoch nicht nur die Pädagogen großen Einfluss. Sie machen quasi den *Aufschlag*, indem Sie wie ein Architekt eine Struktur vorgeben. Die Kinder jedoch übernehmen die *Rückhand*, indem sie sich innerhalb dieser Vorgabe die Räume selbst organisieren und gestalten.

Ein Haus bauen

Neben dem Gruppenraum gibt es ein Kämmerchen, wo eine Gruppe von vier Kindern sich „ihr Zuhause" gebaut hat. Das Ehebett besteht aus zwei nebeneinander gestellten Bänken. Ein weiteres Bett besteht aus Stühlen. Eine Obstkiste ist zur Wiege geworden, die normalerweise als Spielzeugbehälter dient. In einer Ecke ist das Bad, eine weitere Obstkiste dient als Wanne. Die Dusche steht zwischen Heizkörper und Wand. Die Küche ist begrenzt durch große Legosteine und mit Materialien aus der Kochecke ausgestattet. Die Hundehütte schließlich wird von zwei kleinen Stühlen aus der Bücherecke gebildet...

Räume, die wie dieses „Zuhause" durch die Kinder selbst gestaltet werden, sind temporäre Räume, die im Spiel entstehen und danach wieder verschwinden. Wir könnten sie vergleichen mit dem Raum unter dem Sonnenschirm, den Erwachsene an einem Strand errichten, indem sie Handtücher, Kühltasche, Zeitschriften, Cremes geordnet ausbreiten, als wohnten sie dort – um den Platz nach wenigen Stunden wieder zu verlassen. Solche selbstständig von den Kindern gestalteten Räume finden oft wenig Beachtung und Anerkennung, wohl auch weil sie so flüchtig sind (wie der Raum unter dem Sonnenschirm). Sie verdienen es aber, dass wir nähertreten, um dieses Projekt ganz genau zu betrachten und versuchen, die Bedeutung zu verstehen.

Wir sehen, dass für clevere, spielende Kinder selbst kleine Nebenräume im Kindergarten ausreichen, zum Beispiel unter der Treppe oder unter einem Tisch, in der Besenkammer, hinter einer Tür, hinter einer Hecke. Wir erleben Kinder, die eine Installation von Spielzeugen unter einer Bank aufbauen, oder Kinder, die bereits existierende, oft unbeachtete Raumecken benutzen, indem sie diese spontan mit allerlei beweglichen Möbeln, Legobauten, Handtüchern und Kissen ausgestalten – wie zum Beispiel eine neue Leseecke im Leerraum hinter einem Regal.

Welchen Sinn haben die kleinen temporären Wohnungen, die Kinder immer wieder errichten? Viel zu einfach machte man es sich, würde man als Grund dafür einfach nur den Spaß am Tun nennen. Dazu sind solche Vorhaben viel zu anspruchsvoll. Die Häuser erzählen von einem Bedürfnis, das im Allgemeinen viel zu wenig in pädagogischen Einrichtungen beachtet wird: das Bedürfnis, sich aus der Gruppe herauszuziehen, für sich zu sein, sich zu sammeln mitten im Gefüge des Gemeinschaftslebens.

Der Bau der Häuser erfordern dabei durchaus hohe architektonische Kompetenz: Man braucht dafür eine Idee, muss dazu passende Materialien und einen passenden Bauplatz im Raum finden, bestimmte Bautechniken beherrschen – und gleichzeitig geht es auch darum, die eigene Idee an Raum, Materialien und die eigenen technischen Möglichkeiten anzupassen. Die fertigen Häuser sind sichtbarer Beweis für die Fähigkeit der Kinder zur Zusammenarbeit und zum Wissens-austausch. Man muss sich gut verständigen, um solch ein gemeinsam entwickeltes Projekt unter Freunden realisieren zu können.

Der Architekt Renzo Piano schrieb davon, dass man zuhören muss, bevor man etwas entwirft. Der Architekt muss schließlich den Bedürfnissen der Nutzer gerecht werden, sie zutiefst begreifen, um dann daraus seinen Bauplan entwickeln zu können. Leider beweisen längst nicht alle Architekten die gleiche Sensibilität wie Renzo Piano und so wurden viele unserer Krippen und Kindergärten gebaut, ohne denen zuzuhören, die dort leben sollen. Aber dieses Prinzip gilt für die Räume, die wir Pädagogen für die Kinder gestalten, ganz genauso. Wir müssen den Bedürfnissen der Kinder gerecht werden, müssen diese also verstehen und versuchen, passende Räume für sie einzurichten.

IN DER PRAXIS

Höhlen und Hütten

Ein Haus bauen: das gehört zum Prozess des Aufwachsens ein-fach dazu. Es ist ein Bedürfnis aller Kinder. In unserer Arbeit müs-sen wir alles dafür tun, Kindern solche Vorhaben zu ermöglichen. Ein paar einfache Tipps für den Anfang:

- Stellen Sie den Kindern ein kleines Zelt oder große Pappkartons zur Verfügung
- Spannen Sie eine Stoffbahn diagonal durch den Raum, um eine separate Ecke zu gewinnen
- Stellen Sie Höhlen her, indem Sie die Mündung des Kriech-tunnels ab und an mit einem Tuch zuhängen

5 Bildung auf Augenhöhe

■■▮ EIN JAHRHUNDERTEALTES MODELL

In Italien verwendet man den Begriff *frontaler Unterricht* für die vertragliche Arbeitszeit, welche die Erzieherinnen direkt *am Kind* verbringen, um sie von der Anzahl der Stunden zu unterscheiden, die für Vorbereitung, Fortbildung und Ähnliches vorgesehen sind. Bezogen auf Krippe und Kindergarten ist dieser Ausdruck unpassend, weil er aus der Arbeitsweise anderer Formen von Bildungseinrichtungen entlehnt ist. Er passt zum Bild des Studienrates oder Professors, der oft noch *frontal* vor den Studenten oder Schülern steht, die wiederum in Bankreihen sitzen und zuhören. Bei dieser Form der Lehre gibt es nur die Einbahnstraße, aktiver Austausch gehört nicht zum Konzept. Der Lehrer lehrt, und von den Studenten oder Schülern selbst wird keine Interaktion erwartet, außer während der Pause oder unter der Bank. Ob zwanzig oder zweihundert Menschen lauschen, ist bei dieser Art Vermittlung im Vorlesungsstil egal. Es ist ein jahrhundertealtes Bild vom Lehren, das in unseren Köpfen eingeprägt und damit auch fest in der Verwaltungssprache verwurzelt ist. Vielleicht beeinflusst diese uralte Vorstellung unsere Idee von professioneller Pädagogik in Krippe und Kindergarten mehr als uns lieb ist.

In den folgenden Episoden werden wir eine andere Art von Bildung erleben. Der Pädagoge steht nicht vor den Kindern, sondern neben ihnen. Die Kinder agieren in verschiedenen Situationen (im Garten, in einer Ecke des Raumes, während eines Ausflugs, am Tisch …). Zwischen Kindern und Pädagogen gibt es immer wieder kurze Momente der Interaktion. Was die Erzieherin den Kindern dabei vermittelt, ist nicht Ergebnis konkreter Planung, aber auch nicht reiner Zufall: Die Erzieherin agiert jeweils passend zu der Situation, die sich darbietet. Sie steht neben den Kindern, spricht mit ihnen und hört ihnen zu, versucht ihre Überlegungen zu verstehen. Sie antwortet ihnen, vereinbart Regeln, provoziert neue Gedankengänge, bringt die Kinder auf Ideen. Statt von *Frontalunterricht* können wir von *Bildung auf Augenhöhe* sprechen.

▌▌▌ VERBORGENE GEDANKEN

Wie viel sie denken, die Kinder! Oft bemerken wir nichts von dieser verborgenen Denkarbeit, ihrer Mühe, die Welt zu verstehen, in der sie sich befinden.

Die Gedanken von Filipo

Ein Kind sitzt neben mir im Garten und sagt etwas, das ich nicht verstehe. „Es tut mir leid, ich habe nicht verstanden, was du gesagt hast." Das Kind seufzt: „Meine Eltern verstehen auch nie, was ich sage." Er fügt hinzu: „Wie heißt du?" „Mein Name ist Penny, und deiner?" „Filipo. Warum redest du so komisch?" „Du meinst, meinen anderen Akzent? Ich spreche mit amerikanischem Akzent, weil ich in Amerika geboren wurde." Filipo denkt einen Moment nach. „In Amerika? Dann kennst du das Fest der Hexen?" „Du meinst Halloween? Ja, das kenne ich!" Filipo denkt weiter: „Also, du bist schon vor dem Fest der Hexen geboren worden." Ich kann seinem

Gedankengang nicht folgen und versuche herauszufinden, was er meint. „Warum vor? Halloween kommt doch jedes Jahr!" Filipo: „Jedes Jahr? Ich verstehe das nicht, dass die Feste jedes Jahr wiederkommen!" Ich: „Ja, es gibt jedes Jahr Feste, die wiederkehren – Weihnachten, Ostern, Maria Himmelfahrt." Filipo: „Und das Fest mit den Heiligen Königen?" „Du meinst Epiphanias, das Fest, das man auch La Befana (*die Hexe Befana*) nennt?" „Ja, La Befana!" „Ja, auch die Hexe Befana kommt jedes Jahr wieder." Filipo sieht nachdenklich aus, dann wechselt er das Thema: „Was ist in der Tasche?" Ich öffne sie: „Schau!" „Die schwarzen Dinger da, sind das Süßigkeiten?" fragt Filipo neugierig. „Nicht wirklich, die sie nicht süß, das ist Lakritze, die ist eher bitter" „Schade!"

Wenn wir dieses kurze Gespräch mit Filipo Revue passieren lassen, können wir seine Gedanken fast so lesen, als stünden sie wie Sprechblasen in einem Comic über seinem Kopf.

- Oft verstehen Erwachsene nicht, was ich ihnen sagen. Warum? Ich mag es nicht, wenn ich nicht verstanden werde.
- Nicht alle Menschen sprechen mit dem gleichen Akzent. Wer in Amerika geboren wird, spricht anders als die hier geborenen Menschen. Der Akzent ist abhängig davon, wo jemand geboren wurde.
- Man hat mir erklärt, dass Halloween ein Fest ist, das aus Amerika kommt. Wer also in Amerika geboren wurde, wie diese Frau, müsste über Halloween Bescheid wissen.
- Ich dachte, ein Fest ist eine Art besondere Party. Aber Fest sagt man auch zu wiederkehrenden Feiertagen wie Halloween, Weihnachten oder dem Dreikönigstag ... seltsam! Das Wort Fest hat also mehrere Bedeutungen.
- Im Inneren der Taschen der großen Leute sind immer viele interessante Dinge, oft auch Süßigkeiten. Vielleicht gibt mir die Dame, die in Amerika geboren wurde, eine Süßigkeit?
- Was aussieht wie ein Bonbon, kann auch etwas ganz anderes sein. Zum Beispiel etwas, das bitter schmeckt.
- Dieser Dame macht es Spaß, mit mir zu sprechen.

Es ist unmöglich, all den Gedanken aller Kinder zu folgen. Es ist aber wichtig, sich bewusst zu machen, dass jedes Kind ständig solche Gedanken im Kopf hat – auch wenn wir ihnen nicht folgen können. Indem wir von dieser Sichtweise überzeugt sind, finden wir auch Wege, dem Kind unser großes Interesse an seinen Gedankengängen zu zeigen – und sei es nur ein kurzes Gespräch auf der Bank. Kinder sollten nicht mit dem Gefühl alleine gelassen werden: „Die Erzieherinnen verstehen nicht, was ich sage" wie Filipo es vielleicht gegenüber den Eltern formuliert. Wir müssen uns bemühen, den Kindern so oft wie möglich zuzuhören und sie zu verstehen, damit sie sich sicher sein können, dass *diese Erwachsenen gerne mit mir reden.*

▌▌▌ ZWISCHENTÖNE

Eine Erzieherin erzählt die Geschichte von einem Spiel im Garten, das sie in ihrer eigenen Kindergartenzeit gespielt hat.

Erfinder-Kinder

„Zu meiner Kindergartenzeit durfte man sich nicht schmutzig machen. Es war – zumindest theoretisch – streng verboten, mit Erde zu spielen oder, noch schlimmer, mit Wasser und Erde. Natürlich war es für uns Kinder unmöglich, dieses Verbot einzuhalten – und ohnehin steigerte es unsere Lust auf Heimlichkeiten. Bei dem Versuch, das Verbot zu umgehen, sind wir mit bewundernswertem Scharfsinn vorgegangen: Wir saßen immer in einer abgelegenen Ecke im Garten auf einer Bordsteinkante und ließen dort die Schuhe über den Boden hin- und herscharren, um auf diese Weise kleine Mengen Erde zu lockern. Ab und zu fragte dann eines der Kinder um Erlaubnis, auf die Toilette gehen zu dürfen. Es ging dann zur einen Tür ins Haus, um es dann später durch eine andere, die weniger gut bewacht war, zu verlassen.

Während das Kind im Bad war, füllte es seinen Mund mit Wasser und lief damit zu seinen Freunden, um es dann auf das Erdhäufchen zu spucken. Auf diese Weise entstand allmählich, indem jedes Kind seinen kleinen „Beitrag" Wasser aus dem Bad holte, eine richtig schöne Matschepampe. Diese Masse nannten wir „Flitzekacke" und dieser anschauliche und lustige Name machte unser Spiel wohl noch attraktiver. So attraktiv und intensiv, dass ich mich auch nach Jahrzehnten noch im Detail daran erinnere!", lächelt die Erzieherin.

Zwischen von Erwachsenen wohldurchdachten Aktivitäten und wirklich inakzeptablen spontanen Aktionen der Kinder (also gefährlichen oder destruktiven Dingen), zwischen weiß und schwarz, gibt es eine große Grauzone, über die es sich lohnt nachzudenken. Dazu gehören all die Aktivitäten, die plötzlich und aus Zufällen heraus entstehen, etwa während der Freispielzeit, während der Routinen oder, wie hier, während der Zeit im Garten. Es sind Aktivitäten ohne Plan, aber ganz bestimmt nicht ohne Sinn und Verstand – im Gegenteil!

Oft beweisen Kinder gerade in solchen spontanen Spielen die erstaunlichsten Fähigkeiten. In unserem Beispiel erleben wir Kinder mit hoher Sozialkompetenz, die mit erstaunlich viel Teamgeist zur Sache gehen. Ihr Vorhaben verlangt nicht nur ein hohes Maß an Selbstorganisation, sondern auch Entschlossenheit und Ausdauer, denn es musste ja eine ganze Weile Wasser auf die beschriebene Weise beschafft werden. Wir erleben schlaue Kinder, die Wege finden, um der Beobachtung zu entgehen (indem sie zwei verschiedene Türen benutzen) und um an Wasser in erlaubter Form zu gelangen („Maestra, darf ich mal auf die Toilette?"). Improvisationsfreudig ist die Idee, die Absätze der Schuhe als Schaufel-Ersatz zu verwenden. Kreativ zeigen sich die Kinder, weil sie ihr Spiel aus zwei ganz einfachen, wertlosen Materialien entwickeln, nämlich dem Häuflein Erde und dem Wasser. Naturwissenschaftlicher Eifer zeigt sich dabei beim sorgsamen Mischen der beiden Komponenten. Die Kinder bringen ein hohes Maß an Selbstkontrolle auf: Das kann jemand erst richtig nachvollziehen, der einmal versucht, eine Menge Wasser im Mund laufend zu transportieren, ohne sie dabei zu verschlucken, auszuspucken oder zumindest den aufmerksamen Pädagogen aufzufallen. Zuletzt erleben wir witzige Kinder, die eine ausdrucksvolle Bezeichnung für ihr Produkt finden.

Das Spiel mit der „Flitzekacke" sollte aus der Zone der schwarzen – also verbotenen – Spiele in die Grauzone umgesiedelt werden.

Kindern zu verbieten, mit Wasser und Erde zu spielen, ist ungefähr genauso falsch, wie ihnen das Rennen oder Lachen zu verbieten. Es ist ein Verbot gegen die Natur. Anstatt sinnlose Verbote zu erlassen, mit denen wir uns aus der Spielwelt der Kinder selbst ausschließen, sollten wir versuchen, bei ihren Vorhaben Mittäter zu werden. Mehr Wertschätzung für die Spiele in der Grauzone lohnt sich: Als Mittäter können auch wir den Spaß der Kinder an immer neuen cleveren Ideen teilen.

■■▮ PARTNERSCHAFTLICHE BILDUNG

Auf dem Tisch in einer Ecke stehen Leim, Scheren, Filzstifte und verschiedene Arten von Papier bereit.

Eine Idee ausarbeiten

Marco hat eine Collage mit Schnipseln aus gelbem Seidenpapier hergestellt. Indem er wenige Striche mit schwarzem Filzstift hinzufügt, wird daraus plötzlich eine erkennbare Figur mit Kopf und Fingern. Die Erzieherin kommt vorbei und fragt, wer dieses Wesen sei. „Ein Gormito." „Das dachte ich mir", lächelte die Erzieherin – in der Gruppe ist der „Gormito-Hype" in vollem Gange. Marco besitzt sogar Socken, die mit diesen Superhelden dekoriert sind. Die Erzieherin versucht, mehr zu erfahren: „Von den Gormiti gibt es viele Arten, welcher ist das?" „Das ist Gheos. Kannst du mir das darunter schreiben?" fragt das Kind. „Versuch du es doch mal! Zuerst kommt ein G, wie bei Gabriele." Mit großer Mühe schreibt Marco eine Art G hin, aber er weiß nicht, wie es weitergeht. Die Erzieherin schlägt vor: „Du kannst den Namen ja von deinen Sammelkarten abschreiben! Hol die doch mal aus deinem Täschchen!" Leider wird daraus nichts: Ausgerechnet heute hat Marco seine Sammelkarten nicht dabei. „Na dann, wenn du Lust hast, helfe ich dir. Nach dem G kommt das H, aber das kann man ja nicht hören (H ist im Italienischen stimmlos) und dann kommt ein E wie Elisa..." Nach dieser Anstrengung legt Marco hochzufrieden seine Collage von Gheos in sein Fach im Regal, wo er auch seine anderen Arbeiten aufbewahrt.

Was hat Marco beim Umsetzen dieser selbstgestellten Arbeitsaufgabe gelernt? Besonders in Bezug auf den Schriftspracherwerb ist die Frage schnell zu beantworten. Aus Liebe zu Gheos hat er die Mühen des Schreibens auf sich genommen. Er hat sich darin geübt, sicher mit Schere, Klebstoff, Seidenpapier und Stift – immer zum Wohle Gheos – umzugehen. Schreiben, ausschneiden, aufkleben, zeichnen: Das sind typische Kompetenzen, die man in Krippe und Kindergarten vermittelt bekommt. Aber in dieser kleinen Episode verstecken sich auch weniger offensichtliche Lernmomente. Marco hat erfahren, dass es eine Verbindung zwischen seiner persönlichen Vorstellungswelt – die vom Fernsehen geprägt ist – und Aktivitäten im Kindergarten gibt. Der Kindergarten bietet ihm die Möglichkeit, indem geeignete Künstlermaterialien bereitliegen und er Zeit zum Tun bekommt, seine eigenen Vorhaben umzusetzen. Er lernt auch, dass sich die Erzieherin für das interessiert, was er im Sinn hat und ihm mit der Schrift ein kulturelles Werkzeug zeigt, mit dem er sein Denken in Worte fassen kann. Aktuelle Studien und Umfragen zeigen, dass mehr als die Hälfte der Jugendlichen denken, dass das, was ihnen die Schule vermittelt, für ihr Leben irrelevant ist. Es ist eine traurige Tatsache, dass sie das so sehen. Möglicherweise fehlen den Jugendlichen solche Erfahrung wie in der oben gezeigten Geschichte: Momente, in denen durch die

Unterstützung eines Pädagogen persönliche Gedanken in eine für alle verständliche Kulturform umgewandelt wurden: Solche Momente geben dem Lernen Sinn! In ihnen verstehen Kinder und Jugendliche, dass Bildung ein Mittel ist, sich anderen gegenüber verständlich zu machen und sich mit ihnen darüber auszutauschen – sozusagen ein unverzichtbarer Reisebegleiter.

■■■ ANNEHMBARE REGELN

Sind Pfützen ein Problem, weil sich die Kinder durchnässen oder eine Ressource, weil damit clevere Experimente mit Wasser möglich sind? Die gleiche Frage trifft für viele andere Dinge zu, die im und um den Kindergarten vorhanden sind, zum Beispiel Treppen, Geländer, Bäume, Zweige, Schmutz, Kies. Möglicherweise sind sie immer beides: Ein Problem und eine Ressource.

Eine Pfütze

Die Gruppe ist zu Fuß auf einem Feldweg unterwegs. Nach dem Regen sind die Schlaglöcher in der Straße mit Wasser gefüllt. Einige Kinder bleiben vor einer Pfütze stehen, wartend und zögernd. Nur mit der Sohle seines Schuhs berührt Matteo vorsichtig die Wasseroberfläche, da naht schon die Erzieherin, die ahnt, wie die Sache weitergeht, wenn sie nicht sofort eingreift.

Es bringt nichts, Kindern zu verbieten, in Pfützen zu spielen, sie würden es sonst höchstens heimlich tun, aber wir müssen durchaus Grenzen setzen: „Okay, du kannst das Wasser mit dem Schuh berühren, wenn der eine wasserdichte Sohle hat (wie die meisten Schuhe). Aber achte darauf, dass das Wasser nicht den Rand der Sohle überschreitet!"

Das ist eine sinnvolle Regel, die Zustimmung erfährt. David steckt einen Finger in das Wasser, legt dann die ganze Handfläche hinein. Er sieht ein Steinchen in der Pfütze, holt es heraus, um es dann wieder hineinfallen zu lassen. Der Fall des Steinchens erzeugt ein feines Wellenmuster auf der Oberfläche der Pfütze, das langsam wieder verschwindet. Das macht die anderen Kinder neugierig. David versucht es noch einmal. Er findet auf dem Weg weitere Steinchen, ein bisschen größer allerdings. Auch diese will er nun in die Pfütze fallen lassen, aber die Erzieherin greift wieder ein, um eine weitere Eskalation zu vermeiden. Das Spiel ist ein durchaus interessantes Experiment, aber es ist wieder notwendig, Grenzen zu setzen. „Warte, David, erst müssen alle Kinder einen Schritt zurückgehen, sonst werden sie ganz nassgespritzt!" Auch diese Regel findet Zustimmung und das Experiment wird nun mehrere Male wiederholt. Marco holt später noch einen Stock hinzu, mit dem er das schlammige Wasser umrührt. Die Pfütze wird eine der Hauptattraktionen der Wanderung.

In dieser Episode wird aus dem „Problem" Pfütze eine Ressource, weil sich die Erzieherin auf die Seite der Kinder stellt. Kinder sind von Natur aus neugierig und das Wasser fasziniert sie ohnehin. Das ist fast eine mathematische Gleichung: Kinder + Wasser = Spiel.
Die Erzieherin identifiziert sich mit dem Wunsch der Kinder damit zu experimentieren, aber gleichzeitig gelingt es ihr, die Waage zu halten zwischen Erlaubnis und Verbot. Sie handelt mit ihnen Regeln aus, die an die Vernunft der Kinder appellieren und deswegen von ihnen mitgetragen werden können.

■■■ NAGENDE NEUGIER

Es gibt viele Gelegenheiten im Alltag – beim Mittagessen, beim Gang zur Toilette –, die wir nutzen können, um zusammen mit den Kindern etwas herauszufinden.

Der braune Apfel

Der frisch geschälte Apfel hat bereits begonnen, braun zu werden. „Mag ich nicht!", murrt Daniel „der ist braun!" Die Erzieherin schneidet vorsichtig die verfärbte Stelle heraus. Dann greift sie die Gelegenheit beim Schopf und fragt Daniel und die anderen Kinder am Tisch: „Was denkt ihr, warum hat der Apfel seine Farbe verändert?" „Vielleicht ist Luft in den Apfel gelangt", „Das war der Wind!", „Das war die Zeit!" Die Erzieherin fragt: „Wie sieht der Apfel wohl aus, wenn ich ihn mehrere Tage liegen lasse?" David vermutet: „Der wird dann immer ekliger!" „Das probieren wir aus!"
So entsteht eine neue Ecke im Raum, bald als „Observatorium" bekannt. Sie besteht aus einem kleinen Tisch, wo man Dinge für Langzeit-Beobachtungen hinlegen kann. Das erste ist der Apfel, bei dem David beobachtet, dass er weich und alt wird. Und wenn man eine aufgeschnittene Orange dort hinlegt, wird die auch braun wie der Apfel? Auch dieses wollen sie nun beobachten. Nach einer Woche spricht die Erzieherin mit einigen Kindern darüber und notiert, was diese festgestellt haben: „Die Orange ist wabbelig und etwas schimmelig geworden. Wenn man sie ein bisschen drückt, kommt so komischer Rauch raus. Vielleicht hat sie innen gebrannt?"

Wie der braune Apfel bieten auch viele andere Aktionen in den Spielecken Anlass, sich spannenden Fragen zu widmen.

Den Teig frisch halten

In der Kochecke haben einige Kinder begeistert Mehl und Wasser miteinander vermengt. Als die Aufräumzeit beginnt, wollen sie diese hochinteressante Masse unbedingt bis zum nächsten Tag aufbewahren: Dafür wickeln sie die Masse in Papier ein und verstecken sie gut: „Niemand wird sie finden!"

Die Erzieherin sieht voraus, wie enttäuscht die Kinder sein können, wenn die jetzt so geschmeidige Masse nach einer Nacht im warmen Raum hart und trocken wird und sagt: „Kinder, es wäre besser, eine Plastiktüte dafür zu nehmen, damit eure Masse feucht bleibt. Komm, wir gehen in die Küche und suchen eine..."

Nett gedacht von der Erzieherin. Aber was wäre spannender gewesen? Die Erzieherin hätte die Veränderung des Teiges – immerhin ein hochinteressanter Vorgang – zum Ausgangspunkt für ein kleines Experiment nehmen können, hätte sie diese in zwei Teile geteilt: „Einen umwickeln wir mit Papier, der andere kommt in die Plastiktüte!" Sie hätte dann fragen können, was nach Ansicht der Kinder passieren würde. Der nächste Morgen wäre besonders spannend geworden: Wie haben sich die beiden Teigportionen verändert? Wenn der eine weich, der andere hart ist: „Was könnte der Grund dafür sein?"

Situationen wie diese ergeben sich zufällig, aus dem Miteinander der Kinder. Aus diesem Zufall jedoch erwächst eine Lernsituation, wenn es der Erzieherin gelingt, sie ganz gezielt aufzugreifen, indem sie Fragen stellt, die die nagende Neugier der Kinder und ihre Freude am Bestaunen anstacheln.

„Unsichtbar machen"

Eine Gruppe von Kindern lässt ein aus Papier gefaltetes Boot schwimmen. Weil das Papier allmählich nass wird, sinkt das Boot auf den Grund. Die Kinder legen das Boot auf die Heizung, um es zu trocknen. Sie kommentieren: „Ein bisschen ist es wieder lebendig!" „Wenn es warm wird, trocknet das Wasser und verschwindet." „Es wird unsichtbar!"

Momente wie diese im Alltag zu erkennen und festzuhalten, verlangt geistige Beweglichkeit von den Pädagogen. Man muss es sich angewöhnen, solchen Alltagsfragen auf den Grund zu gehen, sobald sie sich im Leben der Kinder stellen.

Nach einer Weile wird das auch bei den Kindern zur Gewohnheit, und so beginnen sie von selbst, auf ihre Zufalls-Fragen aus dem Alltag mit kleinen und großen Untersuchungen zu antworten. Das ist eine große Leistung!

6 Lernfächer sind überall

▌▌▌ GEDANKENGÄNGE

Man sagt, dass Archimedes das Prinzip des Auftriebs entdeckte, während er ein Bad in der Wanne nahm. Und dass Newton das Prinzip der Schwerkraft entdeckt, als er unter einem Baum saß und ein Apfel auf ihn fiel. Auch das Penicillin wurde durch Zufall entdeckt – und viele andere große Entdeckungen.

Gedanken fließen, sie überschreiten ständig Grenzen und Zeitpläne. In Krippe und Kindergarten überschätzt man den Wert didaktisch durchgeplanter Lernangebote – und riskiert dabei zu übersehen, dass es überall Momente gibt, in denen Kinder lernen und sich entwickeln. Es ist ein Missverständnis, das Lernen der kleinen Kinder in direktem Bezug zu den Lernangeboten der Erwachsenen zu sehen. In Wirklichkeit erwerben Kinder erstaunlich viele Kompetenzen in Momenten, in denen kein Erwachsener eine didaktische Absicht verfolgt hat. Oft waren sie gar nicht direkt beteiligt: Wissen oder Fähigkeiten werden in hohem Maße von Kind zu Kind weitergegeben oder gemeinsam erworben – in offenen Lernsituationen.

Es ist nicht leicht für uns, diese vielen Momente des Lernens von außen zu erkennen, vor allem, weil sie sich nicht nacheinander ereignen, sondern meistens nebeneinander. Aber im Alltagsleben gibt es keine Einteilung in Lerndisziplinen: Die meisten Dinge und Situationen, die Kinder zum Untersuchen reizen, können aus verschiedenen Blickwinkeln betrachtet werden. Manche Kinder sehen vor allem die funktionalen Aspekte der Dinge, andere ihre Geschichte oder ihr Aussehen. Andere sehen überall Zahlenverhältnisse. In unserer Wahrnehmung kommen mal die einen, dann wieder die anderen Aspekte besonders zum Zuge. Hier ist ein Beispiel dafür:

■■■ EINE AKTIONSECKE AUF DER TERRASSE

Die Erzieherinnen haben eine Ecke auf der Terrasse neben dem Gruppenraum eingerichtet. Sie enthält einen Gartentisch, ein kleine Gießkanne mit Wasser, einen Eimer mit Sand, einige Tabletts aus der Cafeteria, Löffelchen und kleine Behälter in verschiedenen Formen und Größen. Die Ecke ist bei den Kindern als ein Ort sehr beliebt, an dem man mit den Dingen hantieren, Flüssigkeiten oder Schüttmaterialien umschütten oder vermischen und natürlich auch dabei und darüber sprechen kann. Zusätzlich steht dafür ein wenig Erde aus dem Garten zur Verfügung.

Ein Mix aus Wasser und Sand

In einer Ecke spielen vier Kinder im Alter von vier Jahren. Anita mischt Wasser, Sand und Erde in einer Schüssel. „Davon nehme ich ein Kilo, jetzt ein bisschen dazu schütten. Jetzt ist die Suppe schön dick!" Gioia korrigiert sie: „Nein, das ist keine Suppe! Das ist Brühe, die ist flüssig!" So etwas muss unterschieden werden! „Wir nehmen Sand und mixen den mit ganz viel Wasser und es wird eine ganz große Menge von der Brühe mit einem ganz bisschen Sand!" Anscheinend hat Anita dabei eine Brühe mit Nudeln vor Augen. Die Mädchen beginnen nun, ihren Mix zu variieren und kippen eine Menge Erde hinzu. „Jetzt ist die Brühe nicht mehr locker! Es ist eine ganz große Menge voll Erde und eine ganz kleine Menge Brühe."

Mit einer Gießkanne gießt Marco ein bisschen Wasser in leere Behälter, dann gibt er Sand hinzu und mixt das. Flavio sieht den Teig von Marco: „Jetzt ist er schön fest. Sieht aus wie Mörtel vom Maurer!" Marco protestiert: „Nein, das ist doch kein Mörtel! Das ist Kuchenteig!" Objektiv hat Flavio Recht, die produzierte Pampe sieht wirklich schwer nach Mörtel aus. Aber beim Spielen gilt meistens eine unausgesprochene Regel, an die Marco Flavio erinnert: Man wechselt nicht plötzlich das Drehbuch! Wenn es beim Spiel um Teig geht, hat Mörtel nichts dabei zu suchen.

In der Zwischenzeit hat Anita eine andere Mischung fabriziert: „Ganz locker. Jetzt machen wir auch Kuchen! Wir haben eine ganz große Menge von der Brühe gemacht und jetzt noch Kuchen!" Marco fragt, ob er etwas Sand bekommt. „Kann ich dir nicht geben! Der Kuchen soll ganz, ganz groß werden!"

Die beiden Jungen gießen das Wasser aus ihren Bechern in einen weiteren Bottich. Es entsteht eine formbare Masse. Flavio formt daraus einen Ball: „Ich mache dir Klopse!" Anita sagt: „Ja! Die Klopse sind unsere Spezialität!" Auch Anita und Gioia produzieren nun Sand-Klopse.

Die dargestellte Situation ist eine untrennbare Kombination aus Aktion, Interaktion, Worten, Bezügen und Begründungen. Es ist ein Gemisch aus allen Bildungsbereichen. Wir versuchen, das zu analysieren.

Weltwissen

In mancher Hinsicht erinnert die Situation an ein Wissenschaftslabor. Die Kinder machen Experimente: Indem sie Massen hinzufügen und entfernen, den Anteil von Wasser, Sand und Erde variieren, gelangen sie zu immer unterschiedlichen Ergebnissen. Sie beobachten: „Es ist weich … es ist flüssig … es ist locker … es ist schön fest…" Sie ziehen

Vergleiche: „Es ist Suppe … wie Brühe … es sieht aus wie Mörtel … wie Kuchenteig … wie Klopse …" Sie argumentieren: „Man braucht ganz viel Brühe …" Später entfernen Sie das überschüssige Wasser aus der Mischung, um eine formbare Masse zu erhalten.

Körper und Bewegung
Das Spiel besteht aus vielen Bewegungen: Gießen, Umkippen, Mischen, Modellieren.

Das Selbst und die anderen
Es ist eine Gruppenaktivität, in der Kinder zusammenarbeiten und viel miteinander sprechen. Sie korrigieren sich („Es ist nicht Suppe, sondern Brühe …"), behaupten sich gegeneinander („Das gebe ich dir nicht …") und helfen sich („Ich mache dir Klopse …").

Sprachen, Kreativität, Ausdruck
Es findet ein Rollenspiel statt: „Wir kochen"

Sprechen und Worte
Während sie mit den Materialien spielen, spielen die Kinder auch mit den Begriffen. Schon lange vor dem Beginn der geschilderten Situation hat Anita zu Hause die Begriffe *ein Kilo* und *eine Menge von* gehört. Die genaue Bedeutung ist ihr vermutlich noch unklar, als sie den Begriff *ein Kilo* verwendet, meint sie natürlich eine unbestimmte Menge Sand. Der Begriff *eine Menge von* ist im Deutschen wie im Italienischen ein eher komplizierter Begriff, den Gioia während des Spiels von ihrer Freundin Anita übernimmt, als hätte sie sich angesteckt. Die Formulierung scheint beiden, auch wenn sie sie noch nicht richtig verstehen, einfach gut zu gefallen. Es würde reichen zu sagen „Es ist ganz viel Erde und wenig Brühe", aber Gioia zieht es vor zu sagen: „Es ist eine ganz große Menge voll Erde und eine ganz kleine Menge Brühe."

▰▰▰ LERNEN AUS ERFAHRUNG

In der folgenden Geschichte werden wir die Bildungsbereiche (Schrift, Zahlen, Ordnung und Maße ...) in unterschiedlichen Situationen wiederfinden: Beim Essen, beim Aufräumen oder während eins Ausfluges.

Vier Kerzen

Es ist Adeles vierter Geburtstag. Nach dem Mittagessen wird in der Gruppe gefeiert, und es gibt eine Torte mit vier Kerzen. Später im Garten, bringt Adele der Erzieherin eine Schale voller staubiger Erde. „Ist das eine Suppe?", fragt die Erzieherin „oder vielleicht eine Geburtstagstorte?" „Eine Torte." „Gibt es keine Kerzen?" Adele sammelt auf der Erde einige Kiefernnadeln und versucht, sie als Kerzen in ihre Staubtorte zu stecken. Die Nadeln sind viel zu biegsam, um sie in den Erdklumpen stecken zu können. Die Erzieherin schlägt vor: „Versuch mal, sie in zwei Hälften zu brechen, vielleicht geht das ja besser." Adele zerbricht eine Nadel und steckt die beiden Stücke in die Torte. Es klappt – sie ist sehr zufrieden. Nun bricht sie eine weitere Nadel durch, dann noch eine, um sie in die Torte zu stecken, und zuletzt kommt noch ein Zahnstocher hinzu. Sie zeigt ihre Torte der Erzieherin, die nun die Kerzen auspusten soll. Diese fragt: „Wie alt ist das Kind, das mit diesem Kuchen gefeiert wird?" „Vier", antwortet Adele, „wie ich." „Ich dachte, das Kind wäre älter", sagt die Erzieherin, „denn wie viele Kerzen sind das: 1, 2, 3, 4, 5, 6 mit dem Zahnstocher sogar sieben ..." Adele zögert, entfernt dann den Zahnstocher, eine Nadel, dann noch eine: „Jetzt stimmt es!" Jetzt ist es gut, die Torte hat vier Kerzen, genau wie die eigene.

Vielleicht hat Adele noch keine echte Rechenoperation durchgeführt: $7 - 3 = 4$. Wahrscheinlich hat sie eher das Bild des wirklichen Kuchens mit vier Kerzen im Kopf gehabt und so lange Kerzen aus ihrer Staubtorte entfernt, bis diese mit ihrem Vorstellungsbild übereinstimmte ...

Im Spiel von Adele sind mindestens drei Bildungsbereiche untrennbar miteinander verbunden: Abgesehen von den offensichtlichen mathematischen Überlegungen verarbeitet sie auf gestalterische Weise eine emotionale Erfahrung – den Geburtstag mit der Torte, die man geschenkt bekommt. Und sie führt eine Menge motorischer Handlungen dafür aus, indem sie Erde ausgräbt, die Schüssel damit befüllt, die Kiefernnadeln zerbricht und vorsichtig hineinsteckt. Im Spiel der Kinder beobachten wir viele solcher Geschichten: Im Kopf der Kinder verbinden und verstärken sich Fragen aus verschiedenen Lern- und Lebensbereichen.

Saugnäpfe beim Mittagessen

In einem Moment des Wartens am Tisch zieht Massimo aus seiner Tasche einen kleinen Pfeil mit einem Saugnapf an Stelle der Spitze. Er drückt den Pfeil gegen den Tisch, so dass der Saugnapf an der Kunststofftischdecke klebt. Er trennt die Verbindung und bringt sie wieder zusammen, was einige lustige Schmatzgeräusche produziert. Dann befestigt er seinen Saugnapf an anderen nahe gelegenen Oberflächen, etwa seinem Teller oder den Fliesen an der Wand. Ich frage ihn, ob er glaubt, dass man den Saugnapf auch an seiner Hand ankleben kann. Massimo testet das: Geht nicht. Auf der Papierserviette? Nein, auch nicht. Auf seiner Jeans? Genauso wenig. Ich frage, warum das nicht klappt und er antwortet: „Weil ..." Er weiß es, aber er kann sein Wissen noch nicht in Worte fassen.

Stefano hat gerade etwas getrunken. „Schau! Ich weiß, wie das geht!" Er geht mit dem ganzen Mund in den Plastikbecher und drückt diesen mit der Hand von außen gegen den Mund. Dann saugt er die Luft ein, nimmt nun seine Hand vom Becher: Dieser bleibt von ganz allein am Gesicht kleben.

Nach dem Mittagessen holen die Kinder ihre Zahnbürste aus ihren Beuteln. Ich bemerke, dass auch bei einer der Zahnbürsten ein solcher Saugnapf angebracht ist. „Warum ist das da dran?", frage ich die Kinder. Marco erklärt: „Damit klammert sich die Bürste an die Fliesen im Bad. Aber die Bürste von Diego ist anders, sie hat den Saugnapf unten, so kann sie auf dem Fuß stehen."

Was haben Massimo und seine Freunde über die Funktion des Saugnapfes gelernt? Dieser ist schwierig zu verstehen. Zwischen den Kindern zirkuliert das Wissen in einer ansteckenden Weise: Stefano hat entdeckt, wie man den Becher auf dem Kinn mit dem Prinzip der Saugwirkung halten kann, und wir können wetten, dass bald auch seine Freunde den Trick beherrschen.

Es ist faszinierend, zu versuchen, die Gedankengänge der Kinder zu verstehen. Und es ist faszinierend, zu versuchen, ihre Gedanken anzuspornen. Das gelingt, wenn wir ihnen folgen, wenn wir warten, wenn wir ihre Gedanken in einer offenen Weise kommentieren – und dabei unser Wissen zurückhalten, um nicht die Argumentation der Kinder zu vernichten.

Der nasse Boden

Drei kleine Mädchen bauen ein Haus auf dem Treppenpodest neben dem Gruppenraum. „Für das Dach können wir die Decke nehmen..." „Hier an der Heizung binden wir sie fest!" „Wir brauchen eine Schnur!" „Nimm doch Klebeband!" „Wir brauchen eine Wäscheklammer!"

Das Haus ist fertig, jetzt kann darin gewohnt werden. „Ich bin die Mutter und wische das Wohnzimmer!" Vom Bad trägt Cristina ein nasses, mit Flüssigseife eingeweichtes Papiertuch. Mit einem kleinen Besen will sie dieses durch die Ecken des Hauses schieben. Die Erzieherin, die das Ganze schon aus dem Augenwinkel verfolgt hat, schreitet ein: „Nein, Mädchen, nicht mit Seife. Ihr rutscht aus!" Sie holt aus dem Abstellraum einen Wischmopp: „Jetzt machen wir den Lappen nass und wischen die Seife weg!" Mit großem Eifer pendeln die Mädchen zwischen Treppenpodest und Bad, um beim Laufen mit dem Wischmopp den Boden zu wischen. „Schau, wie der Boden jetzt glänzt!" Irene läuft in die Mitte der gewischten Fläche, aber ihre Freundinnen tadeln sie: „Nein, du hinterlässt Spuren!" „Wir müssen das erst trocknen!" Und schon holen die Kinder neue Papiertücher aus dem Bad, um den Boden trocken zu wischen. Trotz ihrer Anstrengungen bleibt der Boden jedoch nass. Die Erzieherin fragt nach: „Was macht eine Hausfrau, um nach dem Wischen den Boden trocken zu bekommen?" „Meine Mama öffnet das Fenster!" „Probieren wir es aus!" sagt die Erzieherin. Die Pfütze beginnt, kleiner zu werden. Die Kinder schauen noch eine Weile zu, wie der Boden bis auf ein paar kleine feuchte Flecken trocknet.

Die Situation scheint absichtlich herbeigeführt worden zu sein, um eine Fülle von wissenschaftlichen Beobachtungen zu machen:
- mit einem Papiertuch kann man Flüssigkeiten tragen (Seife, Wasser)
- mit einem Tuch oder einem feuchten Lappen kann man Seife entfernen; der Boden glänzt, wenn er sauber und nass ist
- nasse Schuhe hinterlassen Spuren
- durch das Öffnen des Fensters erzeugt man einen Luftstrom, der den Boden trocknet
- die Luft ist dabei effektiver als Papierhandtücher
- bis der Boden vollständig trocken ist, vergeht ein wenig Zeit

All das mag Alltagswissen für Hausfrauen sein – für die Kinder sind es Entdeckungen. Das unvergleichliche Vater-Mutter-Kind-Spiel beweist sich als wahre Fundgrube für implizite Lernmomente. Welche Bedingungen müssen dafür gegeben sein? Schauen wir uns noch einmal an, wie es in der dargestellten Geschichte ist:

- Die Mädchen spielen in einer kleinen Gruppe
- sie spielen für sich, aber die Erzieherin folgt ihrem Spiel mit einem Auge (oder vielmehr aus dem Winkel einer ihrer hundert Augen)
- für das Spiel nutzen sie auch einen Bereich außerhalb des Gruppenraums, nämlich das Treppenpodest
- die Mädchen haben Zugriff auf mehrere unstrukturierte Materialien (Decken, Schnur, Klebeband, Wäscheklammern ...)
- Die Erzieherin greift ein, um die Situation im Rahmen zu halten („Keine Seife!"), um Ideen zu geben („Wie macht das eine Hausfrau ...?"), um die Kinder zu begleiten (gemeinsam betrachten, wie der Boden trocknet ...)

Die Schrift sprießt wie Pilze aus dem Boden

Einige Kinder haben eine Autowerkstatt in einer Ecke des Raums eingerichtet. Das Spiel zieht andere Kinder an, zu viele. In der Ecke wird es immer enger. Daniele entscheidet, etwas dagegen zu tun. Er bringt der Erzieherin einen Zettel und bittet sie, darauf das Wort *Geschlossen!* zu schreiben. Der Zettel wird vor die Werkstatt gehängt, und wenn jetzt ein weiteres Kind dort hinein will, sagt Daniele: „Du kannst hier nicht rein! Schau, da steht: Geschlossen!"
Vor dem Gruppenraum haben die Kinder ein Schild aufgehängt, auf dem ein Wort steht, das sie aus einem Kinderbuch abgemalt haben: TAXI. Die Taxifahrer warten daneben auf Kunden. Inzwischen haben sie auch eine ganze Reihe Zahlen dort aufgeschrieben – mal richtig, mal falschrum: Das sind die Taxitarife.
Eine Gruppe von Kindern hat die Kochecke in ein Restaurant umgebaut. Auf einen Zettel schreibt der Kellner eine immer länger werdende Speisekarte. Immer, wenn ein Gericht besonders beliebt ist (Risotto mit rotem Radicchio, gegrillter Schwertfisch) schreibt er eine bunte Wellenlinie hinzu.

Es sind Kinder, die bislang weder lesen noch schreiben können, aber sie haben verstanden, welche Bedeutung Schrift im Alltagsleben hat. Sie leben in einer alphabetisierten Welt und ihre Rollenspiele sind ihr Weg, dieses darzustellen. Weil die Spiele voller Bezüge auf die echte Welt sind, gelangt natürlich auch Schrift von dort in die Spielwelt der Kinder – echte Worte wie *Geschlossen* und *Taxi* genau wie die Wellenlinie als Gericht auf der Speisekarte. Bei den größeren Kindern sprießen die Schriftstücke wie Pilze: Die Fruchtkörper der Pilze im Wald erscheinen plötzlich, wenn das Wetter gut ist, aus dem immer vorhandenen unterirdischen Myzel. *Literacy* verläuft auf ganz ähnliche Weise: Der sichtbaren Fähigkeit, Wörter schreiben zu können, gehen quasi unterirdisch ablaufende, geheimnisvolle und unsichtbare Vorgänge voraus – der Erwerb der Vorläuferfähigkeiten. Die Schrift selbst sprießt plötzlich, wenn es einen sinnvollen Grund zum Anwenden gibt – wie eben der Bedarf, die Besucher in der Werkstatt einzudämmen oder Taxi zu spielen. Kein Lernprogramm der Welt kann die gleiche Wirkung erzielen, die das Spiel auf das Lernen der Kinder hat.

Lesen können

Zwei Freundinnen, Irene und Sara, kaufen zusammen mit ihren Müttern im Supermarkt ein. Sie sind gerade dabei, eine bestimmte Sorte Joghurt zu suchen. Irene nimmt aus dem Regal einen Becher Joghurt, betrachtet das Etikett und stellt ihn zurück: „Nein, das ist er nicht." Sara schaut sie bewundernd an: „Oh, du kannst ja lesen!"

Der Alltag ist voll von Schrift, nicht nur in Krippe und Kindergarten, sondern auch beim Einkauf mit Mama und Papa. Kinder erfahren, dass die Fähigkeit zu lesen nützlich ist (um den richtigen Joghurt finden) und für Anerkennung sorgen kann: „Oh, du kannst ja lesen!"

◼▌▌ DIE GEDANKEN AUFRÄUMEN

„Wenn ihr in den Garten wollt, Kinder, dann räumt bitte vorher alles an seinen Platz!" sagt die Erzieherin am Ende des Vormittags. Gemeinhin mag man denken, dass Aufräumen eben ein notweniger Schritt ist, der zum Alltag nun mal dazugehört. Aber damit würde man der Komplexität dieses alltäglichen Vorgangs nicht gerecht. Sehen wir, wie die Kinder sich in dieser Situation verhalten.

Überlegtes Aufräumen

Seit einigen Tagen haben Sara und Lucia die Einkaufsecke besetzt, um mit ihren Tierfiguren zu spielen. Am Ende des Vormittags ordnen sie die Tiere in die Regale des Ladens, wo sie nun dicht gedrängt jedes Fleckchen ausfüllen. Sie ordnen sie nach Tierart, das Ganze erinnert an eine Art Arche Noah.

Eine Gruppe von Jungen hat den großen Konstruktionsbaukasten aufgeräumt, die einzelnen Steine liegen nun geordnet im Regal. Zuerst versuchten die Kinder, die Steine einfach durcheinander dort hineinzuquetschen. Aber auf diese Weise verschwendeten sie Platz und viele Steine passten nicht mehr ins Regal. Also starteten sie erneut – aber diesmal stellten sie Stein neben Stein, wodurch weniger Platz benötigt wurde. Nach mehreren Versuchen schafften es die Kinder, alle Steine im Regal zu verstauen. Jetzt sieht das Regal auch noch gut aus, obwohl ein paar Stücke etwas unsicher am Rand des Regals klemmen. Die Erzieherin lobt sie und zufrieden gehen die Kinder in den Garten.

Aufräumen beinhaltet logische Fähigkeiten (die Tiere nach Arten klassifizieren, eine kompakte Bauweise entwickeln und damit den Raum besser ausnutzen ...). Aufräumen bedeutet, sich bewusst aus einem Spiel zu verabschieden. Es ist ein Weg, um anzuhalten und sich zu sagen: Jetzt haben die Dinge Ruhe. Aufräumen im vertrauten

Gruppenraum kann ebenso entspannend wie das Legen eines großen Puzzles sein: „Wo gehört das jetzt hin?" Die Dinge zu sortieren ist ein Weg, um die eigenen Gedanken zu ordnen.

■■ BILDUNGSMOMENTE ERKENNEN

Die Erfahrungsfelder unserer Bildungspläne beschreiben verschiedene Wege, um die Wirklichkeit zu begreifen und Wissen mit anderen zu teilen. Es sind Wege, um die eigenen Erfahrungen in gemeinsames kulturelles Wissen zu verwandeln. In spielerischen Lernsituationen im Kindergarten treffen die verschiedenen Erfahrungsfelder oder Bildungsbereiche aufeinander wie im Lebkuchen Rosinen, Nüsse und kandierte Früchte: Nur zusammen entsteht der einzigartige Geschmack, und es würde keinen Sinn machen, einzelne Teile herauszupulen. Für die Erzieherin sollte es darum gehen, die Ziele der Erfahrungsfelder zu verinnerlichen, um sie überall im Kindergartenalltag in einer Vielzahl von alltäglichen Momenten – zum Beispiel eben in einer Ecke auf der Terrasse – wiederzuentdecken. Es geht darum, eine reichhaltige Umgebung bereitzustellen – zum Beispiel mit Sand, Wasser, Schalen, Löffel – in der kleine Gruppen von Kindern aktiv werden können. Wo sie zusammenarbeiten, diskutieren, spekulieren, ausprobieren, von neuem probieren, Dinge herstellen und wieder zerstören können. Während des Spiels in den Ecken erwerben Kinder einen unersetzlichen Reichtum an Erfahrungen. Diese Momente sind der wesentliche Nährboden, auf dem der Wissenserwerb in den bald folgenden Schuljahren – nun wesentlich geordneter – wachsen kann.

Die Umgebung vorbereiten

Damit es den ganzen Tag Gelegenheit für kluge Gedanken gibt, müssen wir diesen Alltag sorgfältig durchdenken – auch ständig überprüfen und neu denken. Die Räume – also alle Räume, im Gruppenraum und außerhalb – müssen wir so vorbereiten, dass sich die Kinder hier frei und eigenständig bewegen können. Ein paar Vorschläge:

- Richten Sie gut ausgestattete Rollenspielecken ein, bei denen die Welt der Schrift auf natürliche Weise präsent ist, zum Beispiel:
  - Das Büro: ausgestattet mit Stempeln, Taschenrechner, Telefonverzeichnis, Computer mit Tastatur, Telefon und Fax (echt, aber nicht mehr funktionstüchtig)
  - Das Geschäft: echte, jetzt aber leere Verpackungen von Reis, Nudeln, Tee, Gerste etc. Auf denen die Kinder Beschriftungen finden wie Inhalt, Marke, Gewicht, Herkunft, Ablaufdatum. Dazu echte, gebrauchte Bons, auf denen der Name des Ladens, die gekaufte Ware, die Einzelpreise und die Gesamtausgaben zu finden sind.
  - Den Arztkoffer: mit ebenfalls echten, aber natürlich leeren Tablettenschachteln mit Beipackzettel, um dort Bezeichnungen wie Herstellernamen, Indikation, Gegenanzeichen etc. entdecken zu können, dazu nachgemachte Rezeptblöcke.
- Denken Sie daran, für die Aufräumzeit ausreichend Zeit einzuplanen – und Ihre volle Aufmerksamkeit.
- Vermeiden Sie große Behälter, in die das Spielzeug einfach so zusammengekippt wird – das geht zwar schnell beim Aufräumen, macht aber Mühe beim Spiel und widerspricht dem Prinzip, Ordnung schaffen zu wollen.
- Dokumentieren Sie das Aufräumen – für sich selbst, die Kolleginnen, die Kinder und deren Eltern. Halten Sie nicht nur gelingende Momente dabei fest, sondern auch die, in denen es nicht

klappt: Gerade aufgrund solcher Dokumentationen können Sie überlegen, was Sie anders machen könnten. Machen Sie Fotos, Notizen, notieren Sie sich die Kommentare von Kindern.

- Richten Sie einen Ort in Kinderhöhe ein (auf dem Tisch, dem Regal oder in einem Korb), um dort interessante Dinge zu präsentieren, welche die Kinder derzeit beschäftigen. Stellen Sie immer wieder etwas Neues aus: Vielleicht eine Kastanie, glatt und glänzend, gerade erst gesammelt, die noch in ihrer stacheligen Schale sitzt ... Wenn die Kinder die Dinge im Alltag nebenher betrachten, können sie durch Fragen deren Denkprozesse anregen: „Wie geht die Schale eigentlich auf?" Sie können zusammen beobachten, wie sich die Dinge über mehrere Tage verändern: „Die Kastanie glänzt nicht mehr." In einem speziellen Heft können Sie die Kommentare der Kinder dazu festhalten.

7 Die Kleinen bringen uns auf neue Ideen

▌▌▌ EIN LEBENSRAUM

Über die Aufnahme von Kindern ab zweieinhalb Jahren in den italienischen Kindergarten (der sogenannten *Sezione Primavera*) wurde in Italien viel diskutiert. Jetzt ist es möglich, Kinder von zweieinhalb in die Gruppe der Größeren unterzubringen. Viele praktische Probleme entstehen dadurch (die Größe der Möbel, der Abstand vom Badezimmer zum Gruppenraum, ein Schlafplatz für die Mittagsruhe…). Die Erzieherinnen im Kindergarten wissen, dass die Kleinen nicht nur eine Art Miniaturausgabe der großen Kinder sind, sondern höchst unterschiedliche Bedürfnisse in Bezug auf Raum, Tagesablauf, Pflege, Beziehungen haben. Die Kinder unter drei wirbeln die Art und Weise, wie bisher im Kindergarten gearbeitet wurde, gehörig durcheinander. Im Laufe seiner Geschichte hat die *Scuola dell'infanzia* (der italienische Kindergarten) viel dafür gekämpft, als „echte" Schule anerkannt zu werden. Diese Identität war immer eine schwierige Sache, beinhaltete sie doch die Gefahr, dass der Kindergarten „verschulte", um als Teil der Schullandschaft akzeptiert zu werden. Spätestens bei den kleinen Kindern stößt die „Verschulung" auf Grenzen. Die Jüngsten haben ganz andere Anforderungen und erfordern eine andere Art von Bildung.

Führt ihre Zugehörigkeit zum Kindergarten dazu, dass dieser wieder weniger als Teil des Schulsystems wahrgenommen wird? Ist es ein Rückschritt oder eine Chance?

Das Vorhandensein von Kleinen im Kindergarten ist problematisch, sowohl für den Kindergarten als auch für die Kinder selbst, aber es kann auch ein Denkanstoß für unsere gesamte Arbeit sein. Ihre Anwesenheit zwingt uns, den Kindergarten stärker als bisher ganzheitlich zu betrachten, als einen Lebensraum. Das fordert uns heraus, viel Aufmerksamkeit auf die Organisation von Raum und Zeit, das implizite Curriculum, die Beziehungsgestaltung, die alltäglichen Momente, das Miteinander und die Gespräche unter den Kindern zu richten. Der Einzug der Kleinen in den Kindergarten beschädigt nicht die Professionalität der Erzieherinnen, sondern kann sie sogar bereichern. Der einzige wirklich bedenkliche Punkt bei der Aufnahme von Kindern unter drei in den Kindergarten ist, dass man dieses von Seiten der Politik tut, ohne über nötige Renovierungen, neues Mobiliar, zusätzliches Personal und eine entsprechende Ausbildung der Erzieherinnen nachzudenken.

■■▮ PFLEGE ALS PÄDAGOGISCHER MOMENT

Wer in einer Krippe gearbeitet hat, weiß aus Erfahrung, dass Betreuung und Bildung untrennbar miteinander verbunden sind, auch wenn es uns nicht immer voll bewusst ist. Diejenigen, die bisher nur in der Vorschule gearbeitet haben, wissen es vielleicht nicht, weil sie ein schweres Erbe mit sich herumtragen: Die Vorstellung, Bildung sei etwas, das man losgelöst vom Alltag und vom Körperlichen vermitteln kann. Diese Spaltung zwischen Geist und Körper findet ihren Ausdruck in der Rolle der *Custode*, (der italienischen Erzieher-Assistentin). Während sich die Erzieherin (auf Italienisch *Insegnante*, also Lehrerin genannt) mit der Vermittlung von Wissen beschäftigt, kümmert sich die Helferin um die körperlichen Bedürfnisse der Kinder. Gewiss, gerade in einigen älteren Gebäuden ist der Weg vom Gruppenraum zum Bad weit, und so braucht die Erzieherin jemanden, der ein Kind dorthin begleitet, um die Gruppe nicht allein zu lassen. Es gibt also objektive Gründe, bestimmte Aufgaben untereinander aufzuteilen. Leider macht sich diese Aufteilung aber auch in der Wertigkeit bemerkbar, die beiden Tätigkeiten entgegen gebracht werden. Wer sich mit Pflege befassen muss, macht sich „die Hände schmutzig", erfüllt quasi niedere Aufgaben.

Aber in Wirklichkeit ist es oft genau andersherum. Ich denke an eine Helferin, die ich beobachtete, während sie ein Mädchen auf die Toilette begleitete. Sie saß neben dem Kind im Bad, wartete, bis dieses seine Geschäfte erledigt hatte und hörte zu, was dieses ihr erzählte: Vor kurzem hatten sich die Eltern des Mädchens getrennt. Heute Nacht schlief sie bei ihrer Mutter und später würde sie ihr Vater abholen. Es war ein Gespräch von Angesicht zu Angesicht, eine intime Situation, in der man auch schwierige Dinge erzählen konnte, ein pädagogischer Moment voll von gegenseitigem Respekt.

Sich mit dem Alltagsleben des Kindergartens zu beschäftigen bedeutet, den persönlichen Beziehungen und dem alltagspraktischen Lernen neuen Wert zu geben. Das ist keine neue Idee. Vor etwa hundert Jahren haben Maria Montessori und die Schwestern Agazzi schon darüber geschrieben. Leider ist in den letzten Jahren vor lauter Eifer beim Nachdenken über die kognitive Förderung der Kinder viel von diesem Wissen aus dem Blickfeld geraten.

Was lernt man während täglicher Routinen?

- *Beim An- und Ausziehen*
  Wie man die Schuhe zubindet, die Jacke zuknöpft, den Reißverschluss einfädelt und sicher schließt...
- *Im Bad*
  Wie man wenige Blätter Toilettenpapier abzieht und nicht gleich die ganze Rolle, wie man sich den Po abwischt, die Unterhose herunter- und heraufzieht, wie man spült, sich die Hände einseift und abwäscht, ohne dabei selbst nass zu werden...
- *Am Tisch*
  Wie man sich Wasser eingießt, wie man die Suppe ohne kleckern isst, dass man ein Stück Brot verwenden kann, um die Speise auf

die Gabel zu schieben oder um die Soße vom Teller aufzunehmen...
- *Während der Ruhephase*
Wie man die Decke ausbreitet und wieder faltet...

Viele solcher kleinen Übungsmomente sind nötig, um persönliche Autonomie zu gewinnen. Um etwas zu wissen, zu können und damit ein gesundes und realistisches Selbstwertgefühl zu entwickeln.

Heutzutage verbringen Kinder schon ab einem sehr frühen Alter viele Stunden des Tages mit pädagogisch ausgebildeten Erwachsenen, das ist ein großer Teil ihres Lebens. Die Erwartungen der Elternhäuser laufen auf immer längere Betreuungszeiten hinaus. Deswegen kann der Kindergarten nicht mehr wie bisher auf didaktische Ziele und seine Betreuungsaufgabe reduziert werden. Aus einer sozialen-erzieherischen Bildungsdienstleistung muss sich der Kindergarten zu einem echten Lebensort entwickeln. Dies bedeutet, dass wir den gesamten Tagesablauf unter pädagogischen Gesichtspunkten betrachten und gestalten müssen: Die Bringesituation, die Freispielphasen, die strukturierten Aktivitäten in der Angebotsphase, die Zeit im Freien, die Ausflüge, die Ruhephasen, die Zeit im Bad, das Mittagessen, der Nachmittagssnack und die Abholsituation.

Jeder Moment und jede Situation, ob formell oder informell, können potenziell wertvolle Bildungsressourcen werden, wenn sie gut und bewusst gesteuert werden. Es geht darum, den Kindern Raum und Zeit zu verschaffen, um sich begegnen zu können, miteinander ins Gespräch zu kommen, Spiele und Vorhaben zu entwickeln, etwas zu erkunden, zu entdecken. Genauso wie Momente für die Gemeinschaft braucht es auch solche, in denen Kinder etwas in kleinen Gruppen machen können – oder auch mal ganz alleine. Es ist unsere Aufgabe, dafür zu sorgen, dass in dieser Lebenswelt eine Atmosphäre des Wohlbefindens herrscht, indem wir dafür sorgen, dass es nett miteinander zugeht und die Umgebung schön aussieht.

Wenn Einrichtungen zunehmend Betreuung für Kinder zwischen null und sechs Jahren anbieten, besteht die Gefahr, den Alltag für die Krippenkinder zu „verschulen". Sinnvoll wäre, den Gedanken einmal andersherum zu denken: Warum nicht den Kindergarten und die Vorschule „verkrippen"? Das Zusammentreffen zweier unterschiedlicher Formen von Bildungsverständnis – der Krippe und dem Kindergarten – bietet uns eine gute Gelegenheit, aus beiden Formen des Arbeitens das Beste zusammenzubringen. Von der Krippe die bewusste Gestaltung von Alltagsroutinen, vom Kindergarten der entwickelte Bildungsanspruch. Ein solches Projekt „Von sechs bis Null" könnte die Integration zwischen diesen beiden Kulturen erleichtern: die bisherigen Routinen überprüfen wir, um aus ihnen wertvolle Lernmomente zu schaffen, und die Lernangebote begreifen wir dann als Früchte, die auf dem Nährboden eines gut organisierten Lebensraumes wachsen. „Wir müssen uns ganz schön umstellen, seit wir die Kleinstkinder bei uns haben!" mag man klagen, weil man die gewohnte Arbeit ungern ändert. Wie wäre es andersherum: „Durch die Kleinkinder haben wir begriffen, was wir all die Jahre übersehen haben!"

■■■ „WAS HABT IHR HEUTE GEMACHT?"

Wenn die Eltern nachmittags ihr Kind in Empfang nehmen, hört man die Frage immer wieder: „Was habt ihr heute gemacht?" Eine schwer zu beantwortende Frage für die Kinder von zwei Jahren: Sie scheint auf klar beschreibbare Aktionen mit Ergebnissen hinzudeuten – und das liegt der Denkweise von Kleinkindern bekanntlich sehr fern. Welche Antworten, können wir überlegen, erwarten die Eltern denn? Vielleicht solche wie „Wir haben eine Collage gemacht", „Wir haben ein Lied gelernt". Haben die Kleinen denn nichts gemacht? Im Gegenteil, bekanntlich bestand ihr gesamter Tag aus einer endlosen Folge von Aktivitäten: Vielleicht haben sie vom Fenster aus die Müllwagen auf der Straße vor dem Haus beobachtet und verfolgt, wie sie die Tonnen leeren – das wäre eine Aktivität. Bestimmt haben sie sich die Hände gewaschen, also den Wasserhahn aufgedreht, das Fließen des Wassers auf die Hand gespürt, dem Hinabplätschern des Wasserstrahls zugeschaut, mühsam Flüssigseife aus der Flasche gedrückt, damit die Hände eingerieben, das Fließen des Seifenschaums zwischen ihren Fingern beobachtet, die Hand abgespült, Papier aus dem Handtuchspender entnommen und es nach dem Trocknen in den Mülleimer geworfen, bei dem das Pendeln des Schwingdeckels ebenfalls eine lange Beobachtung wert war... Welch eine Fülle an Aktivitäten! Oder als sie ihre Schuhe ausgezogen haben, sie unter die Bank gestellt haben, als sie versuchten, ihrem Freund den Knoten im Schnürsenkel zu öffnen, immer wieder probiert haben, eine Schlinge zu bilden – all das waren Aktivitäten, denen sie hochkonzentriert nachgegangen sind.

„Habt ihr nichts gemacht?" Aus dieser Frage der Eltern spricht die Sorge um Leistungsdruck. Die Frage kann eine Falle sein, in die wir nicht hineintappen sollten. Aber wie antworten, ohne dabei als unproduktiv rüberzukommen? Wir müssen versuchen, die Eltern dafür zu sensibilisieren, dass sie es mit Bildungsprozessen zu tun haben, deren Maß ihre Kinder sind, nicht äußere Anforderungen: Bildungsprozesse, die durch das Alltagsleben der Kinder mit ihren vielen, selbst gewählten Aktivitäten erst entstehen. Bildungsprozesse, bei denen Wiederholungen dazu gehören – und doch jede Untersuchung immer wieder auf eine veränderte Art durchgeführt wird. Für die Kinder ist das Alltagsleben eine Art Dauer-Laboratorium, in dem sich immer wieder neue Fragen stellen. Das heißt jedoch nicht, dass wir das Tun der Kinder dem Zufall überlassen können. Ein Beispiel dafür: Wenn ein Kind mit einem Schwämmchen malt, während es den Tisch wischt, dann profitiert es bei dieser Handlung von einer Menge Gedanken und Hilfen der Erzieherin. Diese hat die Abwisch-Situation so gestaltet, dass keine Eile in ihr vorherrscht, sie hat Schwämmchen und Wasserschälchen in passender Größe bereitgestellt. Damit das Alltagsleben Früchte in Form von solchen Bildungsmomenten trägt, müssen die Erzieherinnen über das kleinste Detail nachdenken.

Wir haben die Aufgabe, den Eltern dabei zu helfen, ihren Blickwinkel zu verändern, um statt der Angst vor hohem Leistungsdruck die Chancen vor Augen zu haben, die im Alltagsleben der Kinder stecken. Das hilft ihnen, auch daheim die alltäglichen Lernmomente ihres Kindes schätzen zu können.

▮▮▮ MAHLZEITEN PÄDAGOGISCH BETRACHTEN

„Ich weiß nicht, was ich ihnen noch bieten soll! Die Kinder können sich nicht mehr als ein paar Minuten am Stück konzentrieren." Pädagogen, die an die Zeitabläufe älterer Kinder gewöhnt sind, kann die Arbeit mit Kleinkindern völlig aus dem Konzept bringen. Wir müssen unseren Blick auf das, was wirklich wichtig ist, umstellen: Gerade die beiläufigsten, alltäglichen Momente enthalten oft die wertvollsten Lernsituationen. Ein Beispiel für einen solchen, leicht in seiner Bedeutung für das Lernen unterschätzen Moment des Tages ist die Vesper:

Die Kinder sitzen am Tisch, und die Erzieherin schneidet die Äpfel auf. Plötzlich entdecken sie in einem Apfel einen Wurm. Sie beobachten ihn und sprechen darüber.

Für Kleinstkinder sind Momente wie das Frühstück oder die Vesper mindestens genauso wertvolle Lernmomente wie geplante Angebote. Sie können eine Fundgrube an faszinierenden Aktivitäten und Erfahrungen sein. Dafür braucht es jedoch passende Bedingungen: Ruhe ist wichtig, um beobachten und reden zu können. Zeit ist wichtig, um die vielen Handlungsschritte dabei (Brote schmieren, schneiden, Speisen mischen) in Ruhe ausführen und üben zu können. Zeit brauchen wir auch, um über das zu sprechen, was wir gerade tun, über das, was wir bereits getan haben und das, was wir gleich tun werden.

Um ein Beispiel zu nennen: Mischen wir einen Naturjoghurt mit Marmelade, ist das eine Tätigkeit, bei der es unter anderem um Farbwahrnehmung geht. Wenn die Kinder den ersten Löffel einrühren, sieht die Oberfläche des Joghurts aus wie ein Marmorpapier. Nach und nach färbt sich danach der Joghurt in einem einheitlichen Pastellton, vielleicht rosa, apricot oder lila, je nachdem welche Marmeladensorte wir eingerührt haben. Beim Mischen muss man sich konzentrieren: Rühren die Kinder zu stark um, schwappt der Joghurt über den Rand des Schälchens. Rührt man zu wenig, wird daraus keine Mischung entstehen. Überhaupt, ein interessantes Konzept: Was eine Mischung ist, könnte Thema im Gespräch mit den Kindern beim Vespern sein. Auch die Zeit nach der Vesper hat ihren eigenen Charme: Der Tisch muss gereinigt werden, Mund und Hände gewaschen ... Mit dem Reinigungsmittel, von dem die Erzieherin einen Tropfen in das Wischwasser gibt, können natürlich auch Schaumexperimente gemacht werden. „Spült den Schwamm und drückt ihn gut aus!", sagt die Helferin. Ausspülen, auswringen: auch daraus können interessante Untersuchungen entstehen. Noch ein paar weitere Aktivitäten gefällig? Unter dem Tisch kann der Boden mit einem speziellen Schwamm gereinigt werden – oder, je nachdem, was gegessen wurde, die Krümel mit einem kleinen Besen aufgekehrt werden...

Soll man sich denn nur für die Vesper so viel Zeit nehmen? Hängt davon ab, welchen Wert wir diesen Momenten zuerkennen. Wenn wir der Vesper wie anderen Alltagsmomenten eigenständigen Wert zuerkennen, dann brauchen wir uns nicht dabei zu beeilen, um schnell die nächste, scheinbar wichtigere Aktivität zu starten. Wir haben die Zeit zur Verfügung, die wir brauchen.

■▮▮ EIN MOMENT DER PFLEGE

Kleine Kinder können sich noch nicht die Nase putzen: Eine von vielen Aufgaben rund um die Körperpflege, die sie noch nicht selbstständig erledigen können.

Rotznase

An Anitas Nase hängt ein Popel. Die Erzieherin registriert das und nimmt sich ein Taschentuch. Sie nähert sich Anita von hinten, greift mit der Hand über den Kopf des Mädchens und wischt mit einer schnellen Geste, ohne ein Wort zu sagen, den Popel ab. Anita reagiert nicht darauf, weder protestierend noch unterstützend. Sie scheint daran gewöhnt, auf diese Weise behandelt zu werden.

In der Erkältungszeit haben viele Kinder in Krippe und Kindergarten eine Rotznase, und es ist schwierig für die Erzieherinnen, dabei hinterherzukommen. Man könnte das Naseputzen vermutlich fast als „Reihenuntersuchung" durchführen, aber das hieße zu vergessen, dass zu jeder Nase eine empfindliche und zerbrechliche Person gehört. Es kommt jedoch immer wieder vor, dass eine Erzieherin wie in diesem Fall diese Handlung quasi mechanisch durchführt, ohne dabei das Kind als Person wahrzunehmen.

Anstatt einfach nur eine schmutzige Rotznase zu reinigen, müssen wir das Kind aktiv einbeziehen, das sich die Nase noch nicht selbst putzen kann. Das ist eine Geste der Zuwendung, die gleichzeitig einen der seltenen Momente von Angesicht zu Angesicht zwischen Erzieherin und Kind darstellt. In diesem Moment körperlichen Kontakts können wir Respekt und Zärtlichkeit erfahrbar machen – oder eben auch bei hastigem Vorgehen Ablenkung und Ungeduld. Wichtig ist, dass wir uns dabei auf die Höhe des Kindes begeben, am besten sitzend, um uns ihm direkt zuzuwenden. Um es direkt einzubeziehen, sollten wir mit ihm sprechen und sagen, welchen Handgriff wir gleich an ihm durchführen – wie es ein guter Zahnarzt tut.

Denken wir zurück an Anita: Ich hätte es gerne gehabt, dass die Erzieherin sagt: „Du hast ja Schnupfen, aber der ist bestimmt bald vorbei. Deine Freundin Giulia hat auch so einen Schnupfen, weißt du? Willst du mal probieren, dir die Nase abzuwischen? Ich gebe dir ein Taschentuch... Schneuz mal... so... Prima! Wenn du Lust hast, kannst du das schmutzige Tuch da in den Eimer werfen. Danke!"

IN DER PRAXIS

Gute Pflege braucht Organisation

Damit es Kindern während der Pflege gut geht, ist vor allem eine gute Organisation wichtig:

- Taschentücher sollten immer in Reichweite stehen, um sie jederzeit parat zu haben. Nützlich dafür ist ein selbst hergestellter Taschentuchträger, der auf eine Idee der berühmten Kleinkindpädagogin Elinor Goldschmied zurückgeht: Er besteht aus zwei Blechdosen mit abgefeilten Kanten, die nebeneinander stehen und von einer Wäscheklammer zusammengehalten werden. In einer der Dosen stehen saubere Taschentücher bereit, in der anderen ist Platz für die schmutzigen. Wir brauchen mindestens einen solchen Taschentuchträger in jedem Raum (auf einem Regal im Gruppenraum, auf einem Regal im Bad, auf der Fensterbank im Garten), sodass die Erwachsenen sich nicht von den Kindern entfernen müssen, um Tücher zu holen oder wegzuwerfen. Sie können die Dosen mit selbstklebender Folie dekorieren.

- Um den Eltern den unermesslichen Wert des Alltagslebens für das Lernen der Kinder zeigen zu können, sind Fotografien nützlich. Es ist wünschenswert, immer eine Kamera zur Hand zu haben. Gewöhnen Sie sich daran, gerade auch unerwartete, flüchtige Alltagsmomente zu fotografieren, denn sie sagen am meisten aus. Zum Beispiel eine Serie von Bildern, auf der festgehalten ist, wie ein Kind nach der Vesper den Tisch mit einem Schwamm reinigt, dabei mit nassen Linien zeichnet, wie mit Skiern weite Kurven beschreibt, dabei zusieht, wie die Spuren verschwinden und immer wieder von vorne anfängt, viele Male...

Teil 2

Unermessliche Ressourcen

In den Nischen
des Alltagslebens

Neben all den bekannten didaktischen Methoden bietet der Kindergarten auch eine ganze Reihe verborgener pädagogischer Ressourcen. Als verborgene Schätze kann man sie bezeichnen, weil ihr pädagogisches Potential in der Regel kaum genutzt wird, sie meistens auch gar nicht in ihrem Wert erkannt werden. Zu Unrecht, denn ihr pädagogischer Wert ist groß! Es reicht, sie zu entdecken um ihren Wert schätzen zu lernen:

* Die Beziehungen zwischen den Menschen
* Die individuellen persönlichen Geschichten der einzelnen
* Das Alltagsleben (Routinen)
* Die Außenbereiche
* Das freie Spiel
* Die Zeit

Diese Bodenschätze zu bergen und im pädagogischen Sinne nutzbar zu machen, erfordert keine wirtschaftlichen Investitionen. Es erfordert jedoch eine geistige Investition: Überdenken Sie den Alltag, überprüfen Sie die etablierten Praktiken, um die Prioritäten in Frage zu stellen. Diskutieren Sie mit Kollegen, vereinbaren Sie Änderungen, teilen Sie Beobachtungen, blicken Sie kritisch darauf, was sich verändert hat.

1 Beziehungen

▪▪▎ UNPERSÖNLICHE METHODEN

Wer im Bildungssystem arbeitet, weiß aus Erfahrung, wie wichtig die Beziehungen sind, die zwischen ihm und der Gruppe entstehen – und zwischen sich und jedem einzelnen Kind. Ebenso wichtig, wenn auch oft weniger sichtbar, sind die Beziehungen zwischen den Kindern selbst.

Im Kindergarten entsteht aus all den gemeinsamen Erfahrungen eine menschliche Gemeinschaft aus Erwachsenen und Kindern. Kein Wunder, verbringen diese doch Tage, Monate, Jahre miteinander. Und so entstehen aus einem zufälligen Aufeinandertreffen Beziehungen, die wachsen, sich entwickeln und im Laufe der Zeit immer wieder verändern. Dabei wird aus einem pädagogischen Umfeld eine echte Lebensgemeinschaft. Man kennt sich, spricht miteinander, erzählt sich was, weiß, woran man beim anderen ist, teilt Neuigkeiten miteinander: „Weißt du, dass meine Mama ein ganz kleines Baby im Bauch hat?" Man unterhält sich mit Worten, aber auch ohne sie – durch Blicke, Lächeln, Grimassen, Gesten oder Körpersprache. Zwischenmenschliche Beziehungen sind so einzigartig wie die Menschen selbst.

Im Bildungssystem jedoch wird der Wert der Beziehungen oft nicht richtig wahrgenommen, vielleicht, weil man ihn so schlecht messen kann. Wo es in erster Linie um (scheinbare) Produktivität geht, kommt dieser Aspekt nicht richtig zur Geltung. Ein extremes Beispiel ist der Einsatz von Robotern in Südkorea, mit denen Englisch unterrichtet werde soll. Die Roboter arbeiten unermüdlich und kosten viel weniger als ein lebendiger Lehrer. In Kalifornien wurden „Robot Teacher" versuchsweise bei Kindern unter sechs Jahren eingesetzt. Sie wurden mit emotionalen Informationen programmiert, damit sie Gefühle simulieren, Blicke erwidern, lächeln und grimassieren können, um damit die Kinder zu motivieren.

Ein weiteres extremes Beispiel von produktiver Bildung ist das „Kinder-Ausbildungs-Center" in China. Hier wird mit einem Social-Engineering-Programm auf selektive und rücksichtslose Weise experimentiert: Die Teilnehmer werden bei der Geburt durch eine Analyse ihres genetischen Materials ausgewählt und dann im Center gebildet (oder besser abgerichtet?). Das Ziel ist es, perfekte Kinder zu produzieren, die Weltmeister auf den Gebieten von Sport, Wissenschaft, Technik oder Wirtschaft werden. Es ist die Fortsetzung der „Olympia-Methode", die es China ermöglicht hat, alle Wettkämpfe bei den Spielen von 2008 für sich zu entscheiden.

Gerade weil sie extrem sind, helfen diese Beispiele, den unbezahlbaren und nicht zählbaren Wert von Beziehungen zu schätzen, die bei einer Slow Bildung entstehen. Vielleicht gewinnt man damit keine Goldmedaillen, aber auf lange Sicht betrachtet, im pädagogischen Sinne auf eine nachhaltige Weise, ist dieser Weg definitiv produktiver.

■■■ DIE BEZIEHUNGEN ZWISCHEN ERWACHSENEN UND KINDERN

Der wichtigste Austausch zwischen Erwachsenen und Kindern vollzieht sich nicht selten in den nicht geplanten, informellen Situationen (nebenher, beim Warten auf das Mittagessen ...).

Die Beziehung zwischen Erwachsenem und Kind kann sich in vielfältiger Weise entwickeln:

- *Dabei sein*

  Einige Kinder betrachten ein großes Bilderbuch. Sie blättern es durch, tun so, als läsen sie und diskutieren miteinander. Die Erzieherin setzt sich in ihre Nähe, und gleich fragen die Kinder sie, ob sie vorliest. Als die Erzieherin das Bild von einem Schiff aufschlägt, unterbricht Lajla, ein marokkanisches Mädchen, aufgeregt: „Weißt du, was ich schon mal gesehen habe? Einen…" Sie wartet, weil ihr das richtige Wort nicht einfällt „…einen Delfin!" Die Erzieherin entgegnet: „Einen Delfin! Als du auf einem Schiff warst?" „Ja!" „Als du mit deiner Familie nach Marokko gefahren bist?" „Ja."

- *Fordernd sein*

  Tommaso hatte sich die Schuhe ausgezogen, um in die Kuschelecke zu gehen, aber jetzt ist es Zeit, sie wieder anzuziehen. Er ist bereits fünf Jahre alt, aber die Schuhe soll ihm immer noch die Erzieherin zubinden. „Schaffst du das denn nicht allein?" „Nein!" „Ich schnüre sie dir nicht, aber ich helfe dir, sie zu schnüren. Mach du mal den Anfang!" Tommaso wickelt die Schnüre etwas unentschieden herum, um schnell zu sagen: „Siehst du? Ich schaff das nicht! Mach du es!" Die Erzieherin bleibt hart: „Erst machen wir einen Knoten Dann legst du ein Band über das andere, um es drunter durchzuziehen." Tommaso ist ungeduldig, er will sich nicht mit den Fäden in der Hand befassen und lieber mit seinem neuen Gameboy spielen, der sich weitaus interessanter als die Schnürsenkel anfühlt. „Hör mal, Tommaso. Ich helfe dir gerne, die Schuhe zu schnüren, aber ganz bestimmt mache ich dir nicht die Schuhe zu, während du Gameboy spielst! Also, wie kann man das mit der Schleife machen?" „Ich weiß nicht, wie das geht." „Wenigstens probieren!" Aus einer Schlaufe formt Tommaso eine Schlinge. Die Erzieherin sagt: „Gut! Und weiter?" Tommaso zieht die zweite Schlinge um den Kreis. „Prima! Jetzt steckst du die hier durch!" Die Erzieherin zeigt den Punkt, wo die Schnur durch muss, dann hilft sie ihm beim Ziehen. Aber der Gameboy übt weiterhin eine starke Faszination aus und die Diskussion darüber geht weiter. Es wäre sicher angenehmer, wenn die Erzieherin den zweiten Schuh selbst zubinden würde. Tommaso scheint ein bisschen verwöhnt zu sein, eine so fordernde Form von Unterstützung ist für ihn ungewohnt. Man muss wirklich überzeugend auftreten, damit er nicht seiner Bequemlichkeit nachgibt.

- *Mitreißend sein*

Joè ist ein Mädchen aus Nigeria, das erst seit kurzem hier lebt. Sie spricht noch kein Italienisch. Ihre Methode, um mit anderen zu kommunizieren ist es, sie zu provozieren. Sie schubst andere und haut sie mehr oder weniger stark mit der Hand. Schon mehrfach wurde sie gebeten, das nicht zu tun.

Beim Mittagessen sitze ich neben ihr. Joè gibt mir einen Klaps auf die Hand, schaut mich dann an und wartet auf meine Reaktion. Ich beschließe, die Herausforderung in ein altes klassisches Spiel umzumünzen: Ich lege meine beiden Händen mit den Handflächen nach oben vor sie hin. Als Joè versucht, darauf zu schlagen, ziehe ich sie schnell zurück – und der Schlag geht ins Leere. Das machen wir mehrere Male nacheinander. Joè lacht. Ich zeige ihr dass sie nun ihre Hände vor mich legen soll, um ihr leichte Klapse darauf zu geben. Dann lege ich wieder meine Hände bereit, Joè lacht und versucht erneut, sie zu schlagen. Wir spielen zusammen! Ich nehme ihre Hand und rezitiere das Fingerspiel „Piazza, bella piazza..." Joè ist jetzt sehr aufmerksam. Ich wiederhole das Spiel. Joè versteht, dass die Gesten und Worte offenbar zusammen gehören und sich immer widerholen. Nach einiger Zeit unterbricht mich das Mädchen, nimmt meine Hand und führt darauf die Aktionen des Fingerspiels durch – ein bisschen zu schnell und auch ohne Worte, aber in der richtigen Reihenfolge. Die anderen Kinder am Tisch möchten jetzt auch dabei mitmachen... Für mich ist es eine weitere Bestätigung dafür, welche Weisheit in solchen klassischen (leider fast ausgestorbenen) Fingerspielen und Kinderreimen steckt. Sie sind ein Mini-Ritual voller Wörter, Reime, Rhythmen, Pausen, Gesten, diskretem Körperkontakt, dem Beziehen aufeinander – und natürlich auch Witz. Sie sind ein guter Weg, sich gegenseitig kennenzulernen und zusammen zu sein, schaffen eine liebevoll und leichte, aber nicht oberflächliche Verbindung.

Wenn die Erzieherin für eine ganze Gruppe von Kindern zuständig ist, ist es dann möglich, sich jedem einzelnen Kind für die Dauer eines Fingerspiels zuzuwenden, mit ihm zu zweit über ein Buch zu sprechen oder es zu überzeugen, die eigenen Schuhe zubinden zu wollen? Die Frage ist entscheidend, sie betrifft unser Bildungsverständnis als Ganzes. Die Antwort hängt zum Teil vom Zahlenverhältnis zwischen Erwachsenen und Kindern ab, vor allem aber davon, wie wir Raum und Zeit organisieren. Die berichteten Episoden traten alle in informellen Situationen auf, in ungeplanten Zeiträumen am Tag. Wenn wir den Kindern spannende Raumbereiche einrichten und sie es gelernt haben, selbstständig zu spielen, gibt es immer Zeitreserven, um dazusitzen und verfügbar zu sein für gemeinsame Momente mit einzelnen Kindern. Das Fingerspiel mit Joè war übrigens noch eine ganze Weile angesagt – und von Mal zu Mal beherrschte das Mädchen die Gesten und den Text dazu besser.

▋▋▋ DIE BEZIEHUNGEN ZWISCHEN DEN KINDERN

Wie zwischen Erwachsenen und Kindern entwickelt sich auch die Beziehung zwischen den Kindern in ganz unterschiedlicher Weise:
* *Beim Diskutieren*
  Linda und Celeste betrachten zusammen den Plan, wer auf dem Flur spielen darf ... Das darf nämlich immer nur eine kleine Anzahl an Kindern. Damit nicht immer die gleichen Kinder dieses Privileg genießen, hat die Erzieherin einen Plan gemacht, auf dem die Kinder hinter ihren Namen in Häkchen machen sollen, wenn sie im Flur spielen durften. Celeste durchsucht mit Auge und Finger die Liste nach ihrem eigenen Namen und bleibt bei Camilla stehen: „Oh, ich war schon zwei Mal dabei!" Linda korrigiert sie: „Nein, das ist doch nicht dein Name! Da steht Camilla!" Celeste ist verwirrt: „Aber da ist doch mein C!" „Aber Camilla hat auch ein C, genau wie du, Celeste!" Die Mädchen diskutieren aufgeregt...

- *Zusammenarbeiten im Rollenspiel*
  In einer Ecke im Garten graben die Kinder mit ihren kleinen Spiel-
  zeugbaggern in der Erde. „An die Arbeit! Wir müssen die ganze
  Erde wegmachen, hier in der Mitte!" „Hier machen wir den Weg
  hin!" „Wir müssen auch Parkplätze bauen!" „Hier ist wohl Wasser!
  Bring mal den Stock, wir bauen eine Brücke!" „Wenn die Straße
  fertig ist, bauen wir die Stadt." Filipo steckt einen Stock in den
  Boden: „Ich habe den Baum gemacht." Die Mini-Baustelle nimmt
  Gestalt an, es entsteht eine kleine Landschaft mit erkennbaren
  Merkmalen.

Um förderliche und konstruktive Beziehungen miteinander aufzubauen, brauchen Kinder ein günstiges Umfeld. Am allerwichtigsten
ist es, sich in kleinen Gruppen zusammenfinden zu können. In Klein-
gruppen funktioniert der Austausch von alleine, man kann sich ins
Gesicht sehen, miteinander reden und diskutieren, Pläne schmieden,
sich einig sein – oder auch streiten.

Aber Beziehungen entstehen nicht im luftleeren Raum. Sie werden
durch bestimmte Anziehungspunkte ins Leben gerufen: Das kann ein
vorbereiteter Raumbereich genauso wie ein Loch im Garten sein.

Die (zurückhaltende) Präsenz eines Erwachsenen spielt dabei eine
entscheidende Rolle. Mit ihren „Antennen" begleitet die Erzieherin
die ganze Situation und fühlt, ob es allen gut geht, ob und wann es
angebracht ist, in der einen oder anderen Weise einzugreifen (weil
zwei Kinder nicht miteinander „klarkommen", weil eine neue Anre-
gung das Spiel wieder in Gang bringen könnte).

2 Persönliche Geschichten

■ ▮▮ VON SICH ERZÄHLEN IM SPIEL

Kinder führen eine Art Doppelleben, ein Leben, dass zwischen Kindergarten und Familie aufgeteilt ist. In den Kindergarten bringen sie ihre persönlichen Erfahrungen mit. Diesen kleinen Schatz möchten sie mit den anderen teilen, auf ganz unterschiedliche Weise. Zum Beispiel, indem sie ihre Welt von daheim in Rollenspiele mit ihren Freunden einfließen lassen.

„Papa ist weggegangen"

In einer Ecke des Raumes spielt eine Gruppe von Kindern Hausarbeit. Dabei gibt es viel zu tun, zum Beispiel putzen, kochen, bügeln. Damit das Spiel so realistisch wie möglich ist, möchten sie Musik im Hintergrund laufen lassen: In ihrer Vorstellung ist bei Hausfrauen – damit sie sich nicht langweilen – immer entweder das Radio oder der Fernseher eingeschaltet. Die Kinder fragen also, ob sie den CD-Player der Gruppe als Radio-Ersatz verwenden dürfen.

Lucia und Miriam haben jeweils ein Handy (ein echtes, das nicht mehr funktioniert). Hin und wieder steht eine der beiden auf und entfernt sich vorübergehend von der anderen, weil sie *am Telefon verlangt wird*. Lucia führt ein langes Telefonat mit Pausen und Gesten und lächelt dabei. Ihr Gesichtsausdruck wirkt dabei so überzeugend, dass ich zwischendrin bezweifle, ob sie wirklich nur mit einem Spielhandy telefoniert. Ich frage sie, und Lucia lacht und zeigt mir, dass das Innere des Telefons vollständig leer ist. Ich frage: „Mit wem sprichst du?" „Mit Papa. Er ist weggegangen, ins Ausland, er kommt nicht einmal zu Weihnachten zurück!" Nach der Unterbrechung durch das Telefon kehrt Lucia zu ihrer Hausarbeit zurück, wie es echte Hausfrauen tun.

▮▮▮ VON SICH ERZÄHLEN MIT WORTEN

Wenn uns Erwachsenen etwas Ungewöhnliches passiert, suchen wir Freunde auf, um zu erzählen, was uns geschehen ist. Kinder tun das genauso. Neben indirekten Erzählungen, bei denen sie ihre Erlebnisse im Spiel mit anderen Revue passieren lassen, erzählen sie diese auch ganz direkt, in ihren eigenen Worten.

„Weißt du, und dann ..."

Arianne kommt am Montagmorgen in den Gruppenraum und stürmt sofort zur Erzieherin, um ihre neue Zahnlücke vorzuführen. „Arianna, du hast deinen ersten Zahn verloren! Aber das ist ja viel zu früh! Wie ist denn das passiert?" „Ich sollte mich bettfertig machen, und da bin ich gerannt und über den Teppich gestolpert und auf das Sofa gefallen, mit dem Mund! Es hat Krach gemacht und Oma hat es gehört, Mama war nicht da. Da hat Oma schnell bei ihr angerufen, aber vorher hat sie noch gesagt, ich soll was trinken und dann den Mund ausspülen! Dann hat Mama mich zum Zahnarzt gebracht und er hat mir den Zahn rausgezogen, aber es hat mir nicht doll wehgetan. Und weißt du, und dann … dann durfte ich nur kalte Sachen essen, Pudding und Eis! Jetzt bin ich gesund und mir tut nichts mehr weh. Oma hat gesagt: „Du hast mir einen schönen Schrecken eingejagt".

IN DER PRAXIS

Die Interviews

Die schönsten Geschichten im Kindergarten erfährt man nebenbei, außerhalb geplanter Gesprächskreise und Lernangebote. Wir sollten versuchen, diese Spontanberichte so oft wie möglich aufzuzeichnen, was zunächst bedeutet, die Bedingungen dafür zu schaffen. Eine gute Idee ist es, die verschiedenen Zwischenzeiten am Tag zu nutzen (am frühen Morgen, vor dem Mittagessen…) Hier könnte sich die Erzieherin mit einem Notizblock und Stift in der Hand auf einem Mäuerchen im Garten oder auf einer Bank im Gruppenraum niederlassen und einfach warten. Wer will, kann ein Erlebnis erzählen und die Erzieherin macht dann Notizen in ihrem Heft. Die Kinder einer Gruppe nannten diese Erzähl-Momente Interviews: „Machst du wieder Interviews mit uns?"

Während ein Kind der Erzieherin seine Erlebnisse berichtet, bildet sich rund um die Zwei schnell ein Knäuel von Kindern, die interessiert zuhören. Dabei entsteht, sozusagen, ein positiver Teufelskreis: der Wunsch, etwas zu erzählen, trifft auf die Bereitschaft der Erzieherin, zuzuhören. Die Freude daran, etwas zu erzählen, wird durch das Aufschreiben aufgewertet, was den Wunsch bewirkt, noch mehr von sich zu berichten.

Ungeduldig warten die Kinder oft darauf, von ihren Abenteuern (oder Missgeschicken) erzählen zu können. Samuel zum Beispiel stürmt aufgeregt auf seine Erzieherin zu, nachdem er eine Woche gefehlt hatte: „Wann kann ich dir was erzählen? Wir sind auf den Malediven gewesen!" Schnell verabreden sich die Erzieherin und Samuel für die Zeit nach dem Essen im Garten auf eine Erzählstunde.

Natürlich haben auch die im Morgenkreis geführten Gespräche große Bedeutung, aber hier sind die Wartzeiten, um endlich mit dem Erzählen dran zu sein, meistens zu lang. Daraus entstehen schnell Störungen, die durch die laute Stimme der Erzieherin eingedämmt werden müssen, was der Erzählfreude der Kinder und der Begeisterung am Zuhören nicht gut tut.

Vor diesem Hintergrund könnte man die Praxis des Interviews auch als kommunikativen Bypass bezeichnen. Dabei geht der Schwung der Geschichten der Kinder nicht verloren. Und es entsteht über längere Zeit eine beachtliche Sammlung an tollen, höchst persönlichen Erlebnissen, die von der Erzieherin abgetippt und in einem gemeinsamen Erzählbuch gesammelt werden können. Aus vielen einzelnen Erzählungen entsteht so etwas wie ein gemeinsames Geschichtenbuch der Gruppe.

3 Das tägliche Leben

▉▉▋ EINE TRAGENDE STRUKTUR

Vielleicht ist der Begriff Schuld daran: Für die täglichen wiederkehrenden Momente der Pflege und des Kümmerns um die Bedürfnisse der Kinder – also Mahlzeiten, Ruhezeiten, Händewaschen, die Zeit im Bad – benutzen Pädagogen den Ausdruck Routinen und der hebt vor allem hervor, dass man die damit beschriebenen Tätigkeiten wieder und wieder durchführt. Das klingt nach Langeweile, nach fehlender Abwechslung. Aber in Wirklichkeit sind Routinen, wenn sie gut organisiert sind, überhaupt nicht langweilig – im Gegenteil! Routinen sind das Rückgrat des Tages. Wir spüren das, wenn wir eine Mahlzeit auslassen oder eine schlaflose Nacht verbringen. Von Zeit zu Zeit kann man das aushalten, aber es ist die Ausnahme, die die Regel bestätigt. Routinen gleichen in manchem den Jahreszeiten: Auch sie kehren immer wieder, und doch gleicht kein Frühling, kein Sommer dem im vergangenen Jahr. Weil Routinen sich täglich in ähnlichem oder gleichem Ablauf vollziehen, schaffen sie Struktur: Kinder, die noch lange nicht die Uhr lesen können, orientieren sich an ihnen bei der Frage, wie weit der Tag vorangeschritten ist: „Wenn das Mittagessen vorbei ist, holt Mama mich ab!"

Routinen haben große Bedeutung für die Gefühle und Beziehungen. Plutarch[14] sagte: „Wir setzen uns nicht zum Essen an den Tisch, sondern um gemeinsam zu essen."

Routinen sind Träger eines Realitätsprinzips. Sie sind ein gutes Gegenmittel gegen die Verwirrung unserer Kinder, die in einem Überschuss an virtuellen Erfahrungen aufwachsen: Mir wurde erzählt, dass einmal nachts in der Notaufnahme des Kinderkrankenhauses in Rom verletzte Kinder eingeliefert wurden, die vom Schrank gesprungen waren, weil sie dachten, sie könnten wie Batman fliegen.

Während der Routinen berührt man den Boden wieder mit beiden Füßen. Man lernt dabei, seine Schuhe zu binden, die Jacke zuzuknöpfen oder die Handschuhe anzuziehen, die Nase zu schnäuzen oder die Füße auf der Matte vor dem Betreten eines Gebäudes abzutreten. Routinen sind ein Ausdruck der Zivilisation, sie zeigen an, dass man persönliche Verantwortung für die Mitwelt übernimmt. Sie sind das Ergebnis eines aktiven gemeinschaftlichen Handelns.

▌▌ VERBORGENES WISSEN

Innerhalb einer Routine verstecken sich viele Lernmomente. Selbst banal erscheinende Tätigkeiten wie das Händewaschen erweisen sich auf den zweiten Blick als durchaus komplexe Tätigkeit:

- Um den Wasserhahn zu öffnen, muss man den Hahn gegen den Uhrzeigersinn aufdrehen. Oder, wenn es eine Mischhebelarmatur gibt, diesen anheben und zur Seite bewegen, vielleicht sogar ein Fußpedal bedienen... In öffentlichen WCs gibt es außerdem Wasserhähne, die losprudeln, wenn man die Hände vor eine Fotozelle hält.
- Um das Wasser abzustellen, muss die Handlung oft umgedreht werden, indem etwa der Hahn in die entgegengesetzte Richtung (im Uhrzeigersinn) bewegt oder der Hebel heruntergedrückt wird.

---

14 Griechischer Schriftsteller um 45 n. Chr.

- Um die Strömung des Wassers zu regulieren, muss ebenfalls der Hahn bewegt werden.
- Wenn der Hahn zu weit geöffnet wird, spritzt das Wasser.
- Wenn man den Finger vor die Mündung des Wasserhahns hält, spritzt es noch viel mehr.
- Das fließende Wasser erzeugt ein Geräusch.
- Es gibt zwei Knöpfe, einen für Kaltwasser, einen für Warmwasser. Oder es gibt den Mischhebel, den man nach links oder rechts bewegen muss.
- Wie macht man eigentlich das Wasser warm? Wie erwärmt man etwas?
- Um Flüssigseife zu entnehmen, muss man die Flasche stark zusammendrücken. Oder sie hat sogar eine Art Pumpe, deren Hebel man hinabdrücken muss.
- Mischt man Seife und Wasser, entsteht Schaum.
- Die Strömung des Wassers entfernt Seifenschaum und Schmutz von der Hand.
- Das Wasser „fällt" aus dem Wasserhahn, um das Waschbecken durch den Abfluss wieder zu verlassen. Aber wohin fließt es danach?
- Wenn man die Hände wäscht, muss man die Ärmel hochkrempeln, damit sie nicht nass werden.
- Die Haut der Hände trocknet leicht, aber die Ärmel nicht. Warum?
- Wenn man den Abfluss verstopft, füllt sich das Waschbecken. Öffnet man ihn weder, verschwindet das Wasser mit einem lauten Geräusch: Gluckgluck!
- Manchmal ist der Abfluss auch verstopft. Zum Beispiel, wenn ein Spielzeug hineinfällt – damit muss man vorsichtig sein.
- Wenn man seine Hände hohl macht, kann man sie auffüllen. Öffnet man danach die Hand wieder, strömen Wasserfälle zwischen den Fingern hinab ...
- Um die Hände zu waschen, muss man sie von allen Seiten gegeneinander reiben, Handballen, Rücken und Finger.
- Um die Hände zu trocknen, kann man sie schütteln. Dann fliegen Tropfen durch die Gegend.

- Um sie zu trocknen, kann man sie auch mit einem Papierhandtuch abreiben.
- Wenn das Papierhandtuch sehr nass ist, trocknet es die Hände nicht mehr, sondern beginnt selbst zu tropfen.
- Die benutzten Papierhandtücher werden klebrig und lösen sich auf, wie Altpapier beim Papiermachen.
- Die Hände sind symmetrisch.
- Nach dem Waschen riechen die Hände gut.

Probieren Sie es aus: Man kann alle Routinen auf diese Weise analysieren, um sich selbst von deren Erkenntniswert zu überzeugen!

▪▪▪ „GUTEN APPETIT!"

Damit sie all ihren Charme ausspielen können, dürfen wir bei der Gestaltung der Routinen nichts dem Zufall überlassen. Sie müssen im pädagogischen Sinne organisiert werden, detailliert durchdacht sein wie jedes andere Lernangebot. Besonders genau sollten wir in diesem Zusammenhang die Gestaltung des Mittagessens betrachten. Welche Erinnerungen werden die Kinder von ihren vielen gemeinsamen Mahlzeiten in Krippe und Kindergarten zurückbehalten? Erinnerungen an gesellige Mahlzeiten unter Freunden? Oder Erinnerungen an eine Stresssituation, aus der man so schnell wie möglich zu entkommen versuchte? Eigentlich wäre doch das Mittagessen in Krippe und Kindergarten die beste Gelegenheit, unsere uralte Tafelkultur zu vermitteln. Warum nutzen wir diese nicht?
Statt der Kantine oder Mensa sollte das Restaurant, in dem man gerne isst, das Leitbild für die gemeinsamen Mahlzeiten in Krippe und Kita werden. Das Prinzip des Essens am Fließband bei der Speisung ist höchstens geeignet, um Unbehagen, Verdauungsstörungen und möglichst viel Abfall zu produzieren.
Laut einer Umfrage, über die vor einiger Zeit in italienischen Medien berichtet wurde, wird in den Kindergärten der Stadt Rom der folgende

Anteil der servierten Lebensmittel tatsächlich auch verzehrt: 35 Prozent vom ersten Gang, 52 Prozent vom zweiten, 23 Prozent der Beilagen, 25 Prozent vom Obst und Brot. Der Rest wird als Abfall entsorgt!

Mittagessen im Gruppenraum

Ich verbringe den Morgen damit, die Gruppe der Fünfjährigen zu beobachten, und werde von diesen zum Mittagessen eingeladen. In – von niemandem beklagter – Ermangelung eines Speisesaals essen wir im Gruppenraum. Die Tische werden mit Tischdecken, Porzellantellern und Trinkgefäßen aus Glas gedeckt – wie im Restaurant. An jedem Tisch sitzt ein Erwachsener, die Erzieherin wie die Helferin. Als der Servierwagen mit dem Essen hereingeschoben wird, nimmt der jeweilige Erwachsene ein Tablett zu seinem Tisch und verteilt das Essen: „Heute gibt es Risotto mit Kürbis. Willst du viel oder wenig?" Jeder Tisch hat sein eigenes Kellner-Kind, das man schnell an einer besonderen Schürze erkennt. Dessen Aufgabe ist es, das Brot zu verteilen, geriebenen Käse anzubieten oder später das Obst zum Nachtisch zu servieren.

Nachdem die Helferin meinen Teller gefüllt hat, fange ich an zu essen, ich liebe Kürbis-Risotto. Die Kinder an meinem Esstisch sehen mich verwirrt an, sprechen leise miteinander: „Sie darf das, sie ist Gast." Ich merke, dass ich eine Regel verletzt habe. In dieser Gruppe, erklärt man mir, ist es üblich, nach dem Servieren zu warten, bis sich alle gegenseitig einen „Guten Appetit" gewünscht haben. Im Zeitalter des *Fast Food* scheint so etwas völlig ungewöhnlich zu sein. Aber ich erfahre, dass diese Regel in dieser Gruppe seit Langem einfach dazugehört: Schon seit drei Jahren essen die Kinder in dieser Form in der Gruppe. Ich entschuldige mich und warte, bis es losgeht.

Im Raum gibt es keinen Schallschutz, die Geräuschkulisse wird schnell anstrengend. Aber mit der relativ kleinen Anzahl an Menschen (ca. 30) ist der Lärm erträglich. Man kann sich miteinander

unterhalten. Julius erzählt, er habe eine Ratte in einem Abriss-
haus gesehen. Wir unterhalten uns über unerwünschte oder
giftige Tiere ...

Allen, die Tag für Tag in einem Speisesaal mit Hunderten von Kindern
zusammen essen, könnte diese Situation wie eine Utopie erscheinen − aber sie ist keine, sondern Realität. Womit aber sollte man
anfangen, um das Essen zu „ent-institutionalisieren" und zu einem
persönlichen und angenehmen Moment zu machen? Wie kann man
das *Fast Food* im Speisesaal in ein *Slow Food* im Restaurant verwandeln? In erster Linie müssen wir davon überzeugt sein, dass es wichtig
ist, dies zu tun.

In den letzten Jahren hat man der Qualität der Lebensmittel, die
Kindern vorgesetzt werden, viel Aufmerksamkeit gewidmet. Viele
traditionelle regionale Gerichte wurden wiederentdeckt. Die Kinder
bekommen Obst und Gemüse aus biologischem Anbau vorgesetzt,
und sie genießen „gerechte Pasta", produziert von Genossenschaf-
ten auf von der Mafia beschlagnahmtem Boden. Aber neben all dem
Nachdenken darüber, *was* wir essen, sollten wir auch der Frage Aufmerksamkeit schenken, *wie* wir essen.

IN DER PRAXIS

Für Wohlbefinden am Tisch sorgen

- Das Grundprinzip ist „klein und schön". Um miteinander beim
  Essen in Kontakt zu sein, muss man sich ins Gesicht sehen können, muss man miteinander sprechen können. Statt die Kinder
  an lange Tische zu setzen, ist es am besten, sie wie in der Familie um kleinere Tische zu gruppieren.
- Um Durcheinander zu vermeiden, ist es sinnvoll, feste Plätze
  am Tisch zu vergeben, die aber natürlich regelmäßig gewech-

selt werden. Es ist beruhigender, sich immer an den vertrauten Platz setzen zu können, als sich bei jeder Mahlzeit den besten Platz erkämpfen zu müssen.

- Wenn es aus logistischen oder hygienischen Gründen nicht möglich ist, an einem Ort zu essen, wo die Gruppe für sich ist, (außer dem Gruppenraum könnten auch Schlafraum, Flur, Veranda geeignet sein ...), sollten sie zumindest versuchen, sich einen eigenen Bereich im Speisesaal einzurichten. Kümmern Sie sich im Rahmen Ihrer Möglichkeiten um eine erträgliche Akustik. Ist eine echte Schalldämmung nicht möglich, können auch Vorhänge helfen, Lärm zu mindern – und vielleicht auch dazu dienen, ihren Raum abzugrenzen. Aber auch Stoffdecken auf den Tischen verringern Lärm, der beim Poltern mit dem Besteck entsteht ...
- Vielleicht das größte Hindernis für eine Neuordnung des Raumes ist wohl der Widerstand des beteiligten Personals. Versuchen Sie, alle Kolleginnen für ein gemeinsames Vorhaben zu gewinnen.

▮▮▮ ZUSAMMENGEFASST

Routinen sind Tagesmomente mit vielfältiger Wirkung: sie dienen der Befriedigung körperlicher Bedürfnisse; als wiederkehrende Rituale sorgen sie für Beruhigung; sie haben großen Einfluss auf die Entwicklung eines Gemeinschaftsgefühls; sie bieten unzählige Möglichkeiten, etwas zu erfahren und zu lernen.

Und da gibt es noch eine andere Wirkung, die wir der Routine zuschreiben können, die wir vielleicht die meditative Wirkung nennen könnten – oder, noch besser, vom Genuss des *Slow Life* sprechen. Es ist der Gedanke, sich ein Stück aus der Tyrannei des „heute schon an morgen denken" zu befreien, dem Zwang, immer produktiv zu sein, dieser ewigen Flucht nach vorne. Ein altes italienisches Sprichwort lautet: „Am Tisch altert man nicht", weil die Zeit stillsteht. Wie gut es passt!

4 Der Garten

▪▪▪ ÜBER DIE ERHOLUNGSZEIT

In dem 1886 erschienenen Buch *Herz* beschreibt der italienische Autor Edmondo De Amicis das Leben im Garten einer *Kinderbewahranstalt*:

> „Nach dem Essen war die Freistunde. (...) Dann gingen sie in den Garten und zerstreuten sich, indem sie ihre Vorräte hervorzogen: Brot, getrocknete Pflaumen, ein Stückchen Käse (...). In dem Augenblick war der ganze Garten mit Krümchen bedeckt (...) Sie aßen auf die seltsamste Weise, (...), nagend, leckend, saugend. Sie liefen und jagten sich, mit den Äpfeln und den Brötchen zwischen den Zähnen, wie Hündchen. (...) Und diejenigen, welche etwas Außergewöhnliches hatten, standen zu acht oder zehn mit gesenktem Kopfe, um in das Körbchen zu sehen (...).
>
> Und währenddessen gab es da und dort tausend Unglücksfälle, so dass die Lehrerinnen hinzuliefen:
>
> Mädchen, welche weinten, weil sie einen Knoten im Taschentuch nicht auflösen konnten, andere, welche mit Kratzen und Kreischen um zwei Apfelsamen stritten, ein Knabe, der mit

Gesicht und Bauch auf ein umgestürztes Bänkchen gestürzt war und über dieses Unglück schluchzte, ohne sich wieder erheben zu können."[15]

Man kann sich den Trubel, die wilde Dynamik vorstellen, welche die Rolle der Erwachsenen auf die des Aufsehers reduziert. Dieses Vorstellungsbild vom Leben im Garten hat sich in unseren Köpfen bis heute erhalten: Der Garten als ein Ort des Ausbruchs aus dem sonstigen geregelten Leben eines Kindergartens, der Garten als chaotischer Freiraum.

Vor einiger Zeit bat ich eine Gruppe Pädagoginnen, Bilder von ihren Kindern beim Aufenthalt im Freien mitzubringen, um gemeinsam über die Nutzung des Gartens nachzudenken. Die mitgebrachten Fotos zeigten einerseits angeleitete Aktivitäten im Garten wie die Aussaat von Pflanzen, außerdem verschiedene Ausflüge, etwa in den Wald. Was jedoch völlig fehlte, waren Aufnahmen von normalem täglichen Spiel der Kinder im Garten. Welche Gründe hatte das? Die Erzieherinnen hatten zwei Erklärungen: In einigen der Einrichtungen war es nicht üblich, dass die Kinder im Freien spielten, denn „im Garten verletzen sie sich nur". In anderen Einrichtungen ging man (zumindest während der schönen Jahreszeit) sehr wohl nach draußen, aber das Leben im Garten wurde nicht als Teil der Bildungsarbeit wahrgenommen – und daher auch nicht dokumentiert.

Das Fehlen von Fotos der Kinder im Freien ist ein Hinweis darauf: Auch die „Erholungsphase" muss neu gedacht werden.

▮▮▮ WAS EIN GARTEN BIETET

In unserer verstädterten Welt haben Kinder wenige Möglichkeiten, frei miteinander im Garten zu spielen. Wir erziehen die Kinder im Gewächshaus – also geschützt und von der Welt abgeschlossen. Der

---

15   Amicis, Edmondo De: Herz. Ein Buch für die Jugend Mailand 2011

Garten im Kindergarten kann da so etwas wie ein Indianer-Reservat werden, ein besonderer Ort, wo man mit seinen Freunden im Freien eigene Spielideen entwickeln und umsetzen kann – ein Ort, an dem man ohne einen bestimmten Zweck spielen darf, ohne einen Leistungsdruck von wohlmeinenden Erziehern zu spüren.

Jedes Außengelände eines Kindergartens – auch wenn es längst kein gut gestalteter Garten ist – bietet vielfältige Möglichkeiten:

- Draußen ist mehr Platz, wo Kinder sich bewegen können. Deshalb wird der Garten manchmal missverstanden. Man meint, er sei hauptsächlich ein Ort, um sich auszutoben, aber er ist vor allem ein Ort für absichtliche und sinnvolle Bewegung.
- Im Garten nimmt man direkten Kontakt mit der Natur auf, auch wenn die Natur dort oft auf ein Minimum reduziert ist – und uns mit ein wenig mehr als Luft, Schatten, Staub, Ameisen und Unkraut begegnet.
- Im Garten steht man (meist) in unmittelbarem Kontakt mit der Umgebung, nimmt Straßen, Plätze, andere Häuser und die dort verkehrenden Menschen und Fahrzeuge wahr.
- Der Garten ist das Reservat für das freie Spiel: Es wird kaum „kolonisiert" durch die Ansprüche und Vorschläge der Erziehenden. Im Garten agieren die Kinder frei von unseren Planungen – und auch die Erwachsenen können diesen Freiraum genießen.

▋▋▋ DER GARTEN UND DIE BEDÜRFNISSE VON KINDERN

Um das Beste aus den Außenbereichen der Krippen und Kindergärten zu machen, sollten wir sorgfältig darüber nachdenken, wie wir in der Gestaltung möglichst viele Bedürfnisse der Kinder berücksichtigen können. Die zufällig vorgefundenen Möglichkeiten, die die meisten Gärten bieten – wie Pfützen oder Ameisen – reichen dazu in der Regel nicht aus. Bei der Überlegung, was ein guter Garten braucht, sollte man vier verschiedene Typen von Kinder-Bedürfnissen berücksichtigen:

- *Das Bedürfnis nach Bewegung*
  Ohne dabei nur in der Leere herumzukreisen. Große monotone Räume wirken beängstigend und unüberschaubar. Strukturieren Sie den Garten durch unterschiedliche Bodenhöhen, Hecken, Mäuerchen und eventuelle Spielgeräte. Bewegung im Garten wird erst spannend, wenn es Wege gibt, die dazu herausfordern, auf ganz unterschiedliche Art zu gehen, zu rennen, zu schleichen oder zu kriechen...
- *Das Bedürfnis nach Rückzug*
  Plätze für mehrere Kinder oder auch an abgegrenzten und intimen Plätzchen. Kinder brauchen Sträucher, Nischen, abgelegene Ecken – und Tücher, Kisten und andere Materialien, um sich einfache „Behausungen" zu bauen.
- *Das Bedürfnis nach Betätigung*
  Bieten Sie den Kindern vielfältige Materialien zum Hantieren an: Blätter, Zweige, Erde, Sand, Wasser (aber nicht zu viel davon), verschiedene Behälter, Körbe, Schubkarren, Harken.
- *Das Bedürfnis, der Welt draußen zu begegnen*
  Ein Garten für Kinder braucht Zäune, durch die man hindurchsehen kann, um die Welt außerhalb zu beobachten – wie vorbeifahrende Lieferanten, die Müllabfuhr, Omas beim Spaziergang mit dem Hund.

■■■ DIE „AKTIVE" BANK

Um den Garten von einem Pausenraum in einen Ort der Bildung zu verwandeln, genügt es nicht, ihn mit klassischen Außenspielgeräten wie Rutsche, Schaukel und Karussell, die sich vor allem an die Grobmotorik der Kinder richten, auszustatten. Mit diesen Dingen wird der Garten höchstens zu einer Art Open-Air-Fitness-Studio, in dem man immer wieder die gleichen Bewegungsabläufe trainiert: Treppe der Rutsche hinaufklettern, nach unten rutschen...

Schließlich sind die damit trainierten grobmotorischen Fähigkeiten nur ein kleiner Teil von dem, was Kinder im Garten tun können. Aber es gibt zum Glück ein ebenso bekanntes wie einfaches Möbelstück, um unsere Idee der Nutzung des Gartens in die Tat umzusetzen. Dieses Möbelstück ist die Bank. In jedem Park gehören sie zur Standardausstattung – und angesichts dessen mag man sich fragen, warum sie im Kindergarten so gut wie nie anzutreffen sind. Bänke laden ein, Rast zu machen, zu sich zu kommen, die Aussicht zu betrachten, je nach Jahreszeit den Schatten oder die Sonne zu genießen, zu reden, oder nachzudenken... Manch einer mag denken, dass Bänke etwas für Rentner sind, oder zumindest nicht für Menschen, die viel zu tun haben. Der könnte sich auch fragen, ob eine auf einer Bank sitzende Erzieherin nichts zu tun hat, während diese mit großer Aufmerksamkeit und Empathie das Spiel der Kinder verfolgt.

Das hat mit einem tradierten Bild von Arbeit zu tun: Wer nur dasitzt und Däumchen dreht, statt mit beiden Händen anzupacken, gilt als Arbeitsverweigerer. Dementsprechend wirkt das Sitzen einer Erzieherin auf der Gartenbank wie ein Rückzug aus der Arbeit. Das könnte auch sein, wenn sie dasitzt, um sich zu erholen, um auf andere Gedanken zu kommen oder mit der Kollegin private Gespräche führt, statt sich um die Kinder zu kümmern. Wenn sie aber das Tun der Kinder beobachtet und mitverfolgt, über ihre Beobachtungen nachdenkt und dabei für die Kinder eine zugewandte Begleiterin ist, dann ist das ernsthafte Arbeit.

Die Bank lädt ein, auf eine andere Art zu arbeiten: sie fordert uns auf, präsent zu sein, aber trotzdem zurückhaltend. Sie lässt uns einen diskreten Abstand wahren zu den Aktionen der Kinder, genau austariert zwischen Eingreifen und Machenlassen.

Auf der Bank sitzend wird die Erzieherin zur Regisseurin der Situation als Ganzes: Eine Regisseurin, die ihre kindlichen Darsteller nicht wie Marionetten führt, sondern ihrem Spiel zusieht, sie unterstützt und zum Improvisieren einlädt. Von der Bank aus kann die Erzieherin die Vorhaben und Äußerungen der Kinder, ihre Freundschaften und

Streitereien verfolgen. Sie kann sie beraten, kuscheln, ihnen etwas erzählen, zuhören und antworten. Auf der Bank sitzend stellt die Erzieherin den sicheren Hafen dar, der es erlaubt, im Spiel weit hinauszufahren. Was man als passive Haltung missverstehen könnte, ist in Wirklichkeit die beste Form aktiver Unterstützung.

IN DER PRAXIS

Ein guter Ort für die Bank

Es ist wichtig, sich Gedanken über den besten Ort zur Aufstellungen der Bank (oder mehrerer Bänke) zu machen – denn die Entscheidung hat große Tragweite:

- Von der Bank aus sollte die Pädagogin Überblick über den gesamten Garten haben. Von hier aus muss sie mit Augen und Ohren das Geschehen erfassen können: Wer macht gerade wo was?
- Es sollte angenehm sein, sich dort aufzuhalten – im Schatten, wenn es heiß ist, in der Sonne, wenn es kühler ist. Auch die Aussicht spielt eine große Rolle bei der Frage, ob man sich dort gerne für längere Zeit niederlassen möchte.
- Beobachten und reflektieren Sie alltägliche Erfahrungen, an welchen Plätzen Sie bislang eine Sitzgelegenheit benötigt haben, um in der Nähe der Kinder zu sitzen. Oft sind das Orte, an denen sich die Erzieherinnen bisher anders beholfen hatten, indem sie sich auf eine Stufe, ein Mäuerchen, eine umgedrehte Spielzeugbox oder einen von drinnen mitgebrachten Stuhl setzten. Eine dauerhaft aufgestellte Bank an diesem Ort nimmt der Erzieherin die Unsicherheit, wo sie sich hinsetzen könnte und zeigt für alle an, dass die dort ausgeführten Aktivitäten es wert sind, durch Beobachtungen begleitet zu werden.

■■■ FUSSBALL? JA – IM VERTRÄGLICHEN RAHMEN!

Fußball hat in unserer Gesellschaft einen hohen Stellenwert. Gerade bei Jungen im Kindergarten ist diese Begeisterung deutlich spürbar – mit Vor- und Nachteilen: Schon Vier- oder Fünfjährige trainieren nach dem Kitabesuch im Verein. Wenn sie im Kindergarten ihre Spiele nachspielen, wirkt das oft mehr wie eine Obsession als ein Vergnügen. Oft werden andere Spiele durch den hohen Stellenwert des Fußballs an den Rand gedrängt.

- -

Aufgeregte Spieler

Im Garten ist ein improvisiertes Fußballfeld entstanden. Einige Kinder verbringen fast ihre gesamte freie Zeit dort. Ständig ist im Garten die Pfeife eines Schiedsrichter spielenden Kindes zu hören. Dieser Lärm ist aufdringlich und stört die Konzentration der Kinder, die an anderer Stelle spielen.

Wenn die Kinder nach der Gartenzeit ins Haus gehen, trägt Marco den Ball wie eine Trophäe vor der Brust. Das Objekt scheint ihm Macht zu verleihen. Hinter Marco gehen die Kinder aus seiner Mannschaft, und dabei scheinen sie sich ziemlich cool vorzukommen. Aber hinter diesem Gehabe wirken sie aufgeregt und angespannt – das Spiel war wohl nicht für alle angenehm. Und dann gibt es die Kinder, die wieder einmal vom Spiel ausgeschlossen wurden, weil man schließlich „nicht verlieren will".

- -

Damit der Garten Raum für verschiedenste Spiele gleichzeitig bietet, müssen Sie regelnd eingreifen. Schutz brauchen die Fußballspieler vor den Bedingungen, denen sie ausgesetzt sind, und die anderen Kinder brauchen Schutz davor, dass dieses raumgreifende Spiel sich im ganzen Garten ausbreitet.

Mit den Kindern müssen klare Regeln für das Fußballspielen verabredet werden – zum Beispiel:

- Es wird nur jeden zweiten Tag und nur von 11.30 bis 12 Uhr gespielt;
- Die Mannschaften werden von den Erziehern zusammengestellt (um zu vermeiden, dass bestimmte Kinder darunter leiden, als schlechter Spieler nicht oder nur ungern gewählt zu werden)
- Der Schiedsrichter hat keine Pfeife, sondern leitet das Spiel durch Handzeichen, damit die Spiele der anderen nicht durch den Fußballlärm dominiert werden.

IN DER PRAXIS

Ein pädagogischer Garten

Das Leben im Garten sollte nicht dem Zufall überlassen werden, und deswegen bedarf es unserer Regie. Durch sorgfältige Vorbereitung und Begleitung können wir aus der Erholungsphase einen wertvollen – offenen! – Bildungsmoment machen. Hier sind einige Vorschläge:

- Versuchen Sie, wildes Durcheinander der Kinder zu vermeiden, es ist Quelle von Streit und Verletzungen.
- Statt immer alle Kinder gleichzeitig in den Garten zu schicken: Bevorzugen Sie, sich in kleineren Gruppen draußen aufzuhalten.
- Teilen Sie große, ungegliederte Außenflächen in Teilbereiche auf.
- Schaffen Sie im Garten Orte für Aktivitäten – auch auf ganz einfache Weise, etwa durch ein Loch zum Graben, einen Busch zum Verstecken.
- Stellen Sie Materialien bereit, mit denen sich die Kinder beschäftigen können: Dinge aus natürlichen und künstlichen Materialien; in den warmen Monaten Wasser
- Sorgen Sie für Entspannungszeiten (denn gerade nach dynamischen Spielen brauchen Kinder Zeit zum Ausruhen)
- Vereinbaren Sie mit Kindern und Kollegen Grenzen und Regeln („Wir treten uns die Schuhe auf der Fußmatte ab!")

- Seien Sie präsent – körperlich und geistig.
- Platzieren Sie sich an einem strategischen Punkt – am besten sitzend auf einer Bank, um das Tun der Kinder hören, beobachten, dokumentieren und reflektieren zu können.
- Halten Sie immer Kamera und/oder Notizbuch bereit.
- Plaudern Sie mit den Kindern („Wisst Ihr, dass ich einen Hund habe?" „Toll! Wie heißt er denn?").
- Achten Sie darauf, dass der Garten ästhetisch ansprechend wirkt.
- Verschönern Sie den Garten mit Pflanzen, bevorzugt winterharten und einheimischen, leicht zu pflegenden Gewächsen.
- Beschaffen Sie wenige, aber ansprechende Gartenmöbel.
- Bestellen Sie kaputte Dinge zügig nach. Vermeiden Sie, dass der Garten wie ein Schlachtfeld nach der Niederlage aussieht.
- Vermeiden Sie, dass die Verantwortung für den Garten bei allen und niemandem liegt.
- Weisen Sie jedem Bereich des Gartens einen eigenen Verantwortlichen zu.
- Entsorgen Sie defekte Dinge, sammeln Sie nicht zu viele Dinge an, wählen Sie aus, was Sie wirklich brauchen.
- Sorgen Sie dafür, dass immer geeignete Kinderkleidung für alle Wetterlagen im Garderobenfach bereitliegt – Regenschutz wie Sonnenschutz.
- Beziehen Sie die Familien in Ihre Bildungsarbeit ein. Vermitteln Sie: Im Garten vergeuden wir keine Zeit, sondern nutzen ihn als Lebensort genau wie die Innenräume des Kindergartens.

5 Spielen lernen

▌▌▌ EIN BEDROHTES LEBEWESEN

Bis vor wenigen Jahren war das freie Spiel die normalste Sache der Welt. Jetzt ist es wie eine gefährdete Art vom Aussterben bedroht, weil ihm immer mehr der natürliche Lebensraum streitig gemacht wird. Einst gehörte es untrennbar zur Kindheit dazu, über Raum und freie Zeit zu verfügen, um sich spontan mit anderen zu treffen. Die Erwachsenen blieben im Hintergrund, und so lernten die Kinder von selbst, sich zu organisieren. Man spielte mit Nichts – und gerade die Armut der bespielten Materialien mündete in den Reichtum der damit umgesetzten Erfindungen.

Heute organisieren Erwachsene Raum und Zeit der Kinder – und das Spiel findet meist in feststehenden Gruppen statt. Oder die Kinder bleiben zu Hause, meistens sitzend, ohne Spielgefährten, und verbringen ihre Zeit unter dem Einfluss von Massenmedien. Immer teurer werden die Spielzeuge der Kinder – aber die damit hervorgebrachten Ideenwelten verarmen zusehends.

Und so geht die Fähigkeit, frei – ohne Anleitung durch Erwachsene, durch Computerprogramme und Spielanleitungen – zu spielen, mehr und mehr verloren. Aber ist es denn so wichtig, dass Kinder frei spielen können? Ja! Denn es handelt sich um eine der grundlegendsten Fähigkeiten des Menschen überhaupt. Ohne Übertreibung: Ein Kind, das nicht weiß, wie man frei spielt, ist wie ein Fisch, der nicht schwimmen kann. Nicht umsonst ist das Spiel ein in der Kinderrechtskonvention der UNO festgeschriebenes Recht.

Muss man Kindern etwa beibringen, wie man spielt? Das klingt paradox – aber genau das scheinen viele Kinder heute zu brauchen.

Selbstständig spielen können

Es ist Vormittag. Eine Gruppe Kinder spielt ein merkwürdiges Spiel auf dem Flur: Wie Jogger laufen die Kinder im Kreis umher und ächzen dazu, als wären sie schon Stunden unterwegs. Ein Kind treibt die anderen an. „Ich bin der Trainer!", erklärt er mir. „Wir machen Kunstturnen!" Weitere Kindergruppen spielen vertieft im Gruppenraum: In der Zuhause-Ecke telefoniert Matteo über ein echtes, aber nicht mehr funktionstüchtigen Handy mit einem imaginären Gesprächspartner. In der Kochecke bereiten Diana und Riccardo aus Mehl und ein wenig Wasser Babybrei für einen Schneemann – ihr Baby – zu, aber dieser will das nicht essen. Ist er etwa krank, sollten wir Fieber messen?

In der Bücherecke haben einige Kinder eine Höhle aus Tüchern gebaut. In ihr drängeln sich die Kinder wie Sardinen in der Büchse und betrachten trotz Dämmerlicht Bücher. Elena und Sara spielen mit dem Arztkoffer. Elena spielt die Kranke, liegt auf dem Tisch und lässt sich von Kinderärztin Sara untersuchen.

Wir sind in der Gruppe der Fünfjährigen, und in wenigen Monaten werden die Kinder ihre Kindergartenzeit beenden. Die Erzieherin lächelt: „Ich bin zufrieden – alle haben gelernt zu spielen. Wirklich alle, ohne Ausnahme. Wenn ich daran denke, wie die Kinder am Anfang der Kindergartenzeit waren! Da wussten sie nichts mit sich anzufangen – und ihre Spiele liefen schnell ins Leere..."

Lernen zu spielen

Das bedeutet zu lernen, wie man einen Flur in einen Palast verwandelt, ein altes Telefon in ein Kommunikationsmittel, einen Schneemann in ein krankes Kind, ein Tuch in eine Höhle, einen Tisch in eine Arztliege… Zur Fähigkeit, spielen zu können, gehört es, gemeinsam mit den Mitspielern eine Art Skript für die Spielhandlung zu entwickeln, um sich mit verwandelten Dingen über das Spiel gegenseitig eine Geschichte zu erzählen.

Wir begegnen einem weiteren Paradox

Spielen muss man lernen. Aber Spielen kann nicht gelehrt werden, das wäre ein Widerspruch. Krippe und Kindergarten können nur Bedingungen schaffen, damit sich das Spiel der Kinder selbst entwickeln kann. Denn mit dem Spielen lernen ist es wie mit dem Spracherwerb: Kinder lernen sprechen, indem sie sprechen – und spielen, indem sie spielen.

Begeben wir uns zurück zum Bild des „bedrohten Tieres" Spiel

Wenn dem Spiel sein natürlicher Lebensraum fehlt, müssen die Erzieherinnen ihn bewusst gestalten. Krippe und Kindergarten müssen ein Naturschutzgebiet für das Freispiel – diese bedrohte Art – werden. „Alle haben gelernt zu spielen", sagt die Erzieherin. Das ist ein gutes Ziel!

Franco weiß nicht, wie man spielt.

In der Gruppe der Dreijährigen verhält sich die Sache anders. Franco geht an einem Grüppchen Kinder vorbei, die Mama spielen. Lisa hat die Umhängetasche. Franco reißt sie ihr weg, Lisa protestiert. Franco schmeißt sie ihr ins Gesicht. Dann geht er zu einer Gruppe, die mit Plastikbausteinen spielt. Sie haben gerade einen Zoo für Dinosaurier gebaut. Franco nimmt sich einen Baustein aus dem Zoo, wodurch eine ganze Wand einstürzt, und wirft ihn quer durch den Raum.

Manchmal beruhigt er sich für einige Zeit, wenn er mit formbaren Materialien spielen kann, zum Beispiel mit Knete oder, draußen im Garten, mit Erde. Aber nur, wenn er das alleine tun kann. Wenn er irgendwo mitmachen soll, entstehen jeden Moment neue Konflikte.

Franco ist ein extremes Beispiel für eine sich immer mehr ausbreitende Entwicklung. Pädagoginnen berichten, dass es unter den neuen Generationen von Kindern, die in Krippe oder Kindergarten kommen, immer mehr Kinder wie Franco gibt, die nicht wissen, wie man spielt. Kinder, die sich nicht organisieren können, nichts erfinden und bauen können, schon gar nicht mit anderen Kindern zusammen. Für sie bedeutet das Zusammenspiel mit anderen in erster Linie Provokation. Das belastet auf Dauer die Pädagoginnen wie die anderen Kinder.

Es erscheint wenig realistisch, in Zeiten wirtschaftlicher Einschnitte so etwas zu fordern – aber was Kinder wie Franco bräuchten, wäre eine Förderpädagogin, die ihn eine Weile in der Gruppe begleitet, wie es bei Kindern mit Behinderungen üblich ist.

Ein Kind, das nicht weiß, wie man spielt, ist ein Kind in Not. Sein Problem ist einerseits sicherlich das Ergebnis seiner individuellen Geschichte, aber darüber hinaus ist es ein Symptom unserer Zeit, für die ein Überschuss am Haben und ein Mangel am Sein charakteristisch ist. Kinder sind reich in Bezug auf Materielles, aber arm in Bezug auf Gespräche, Ruhe, Selbstständigkeit und Regeln. Für sie können Krippe und Kindergarten eine Art soziale Therapie darstellen, deren wichtigstes Ziel es ist, ihnen beizubringen, wie man spielt.

Gute Bedingungen für das Spiel schaffen

Das freie Spiel ist immer ein beeinflusstes Spiel. Es entwickelt sich in einem konkreten und spezifischen Rahmen, der aus Räumen, Materialien und Mitspielern besteht. Was und wie gespielt wird, hängt von diesen Einflussfaktoren ab. Spiel ist eine fortgesetzte Auseinandersetzung zwischen objektiven Bedingungen und subjektiven Inhalten.

Ein guter Lebensraum für das Spiel sollte folgendes beinhalten:

- Kleine, sich ändernde Gruppen
- ausgedehnte Zeiträume über den ganzen Tag (und nicht nur eine festgelegte Spielzeit)
- vorbereitete Räume mit thematischen Schwerpunkten oder Ecken (sowohl drinnen als auch draußen)
- Ein Mindestmaß an stets verfügbaren Spielmaterialien, wie in den vorangegangenen Beispielen beschrieben (ein altes Telefon, Mehl und Wasser, ein Topf, ein Schneemann, ein Tisch, ein Handtuch, ein Arztkoffer, eine Damenhandtasche, Bausteine aus Holz oder Kunststoff ...)
- Eine aufmerksame – aber nicht aufdringliche – Begleitung durch die Erwachsenen

6 Eine pädagogische Zeit

■■▮ ZEIT HABEN

Früher waren Kinder unter einem bestimmten Alter von der Logik der Produktivität befreit. Jetzt spürt man selbst in der Krippe Leistungs-druck. Aus unseren Köpfen ist die Vorstellung kaum noch herauszu-bekommen, es sei richtig, Kindern so viel beizubringen – und damit so früh wie möglich zu beginnen.

Mit einer Gruppe von Erzieherinnen dachten wir über die Nutzungs-möglichkeiten des Bades nach. Ich erzählte die Geschichte von einem kleinen Mädchen, das während des Händewaschens interessante Experimente mit dem Schaum durchführte. „Klar", protestierte eine Erzieherin, „das kann man mal machen, wenn man es nicht eilig hat. Aber im Kindergarten ist Händewaschen ohne Zeitdruck Luxus!" Diese Aussage führte uns zu einem Umdenken in Bezug auf unsere Prioritäten in der täglichen Praxis. Wovon hängt es ab, ob man Zeit hat oder nicht, um sich in Ruhe die Hände zu waschen – und dabei das Zusammenspiel von Wasser und Schaum zu untersuchen und zu genießen? Strukturelle Grenzen (das Bad ist weit entfernt vom Grup-penraum, zu wenige Waschbecken für zu viele Kinder…) sind nur ein Teil des Problems. Andere Faktoren haben wir selbst in der Hand: Wir können entscheiden, ob wir dieser Aktivität mehr oder weniger Zeit einräumen. Wir legen fest, ob die ganze Gruppe gemeinsam das Bad aufsucht – oder ob wir es einem Kind, einer Kleingruppe ermöglichen, dort alleine hinzugehen.

Sind wir eigentlich ein bisschen verrückt – wenn wir glauben, dass Händewaschen ohne Eile für Kinder unter sechs ein Luxus ist? Wie lange müssen die Kleinen wohl warten, bis sie die Dinge nicht mehr in Eile erledigen müssen – bis zum Rentenalter (wenn es dann überhaupt noch Rente gibt)? Wie viel Zeit die Kinder in Krippe und Kindergarten für die Dinge haben, hängt größtenteils von unseren Prioritäten ab.

Wir haben es mit einem neue Notstand zu tun: Der Kindheit in Eile. Was können wir Pädagogen dafür tun, dass unsere Kinder eine gesunde Beziehung zur Zeit entwickeln? Dass sie selbst verantwortlich mit ihrer Zeit umgehen können? Dass sie keine Angst vor leeren Zeiträumen haben? Dass sie lernen, wie man die Zeit anhalten kann, um im Moment zu leben? Wie erreichen wir es, dass sie nicht abhängig werden von endlosen Konsumwünschen und anderen eingeredeten Bedürfnissen, die uns unsere kostbare Zeit rauben?

Wie befähigen wir die Kinder, ihre Zeit für ihre eigenen großen und kleinen Vorhaben zu nutzen? Wie bringen wir sie in die Lage, über lange Zeiträume spielen zu können, mit wenig oder nichts, drinnen und vor allem draußen – statt unruhig von einem angefangenen Spiel zum nächsten zu wechseln? Wie können wir sie erleben lassen, wie sich Muße anfühlt – und wie fruchtbar es sein kann, müßig zu sein?

▮▮▮ KINDER BRAUCHEN PAUSEN

Sich eine Hütte bauen und dann für eine Zeitlang dort leben wollen, abgeschieden und doch nicht alleine – dieses Spiel spielen Kinder wohl überall auf der Welt und immer von neuem. Wenn ich nur an meine Enkelkinder denke, wie sie in unser Haus kommen und sich gleich in einen großen Schrank zurückziehen, ausstaffiert mit Schals, Kissen, Büchern, Puppen...!

Unter einer Decke

Es ist später Vormittag in der Gruppe der ältesten Kinder: Entlang einer Seite des Raumes ist ein merkwürdiges Gebäude entstanden, eine Art Zeltstadt, gebaut aus Tischen, verschiedenen Decken, Schnüren und Wäscheklammern. Die Zelte sind miteinander verbunden, sie bilden einen richtigen Wohnraum. Um hineinzukommen, müssen die Kinder unter den Decken hindurchkriechen.
Immer wieder taucht ein Kopf zwischen zwei Decken aus, um herauszuspähen und verschwindet dann wieder. Gerade fällt eine Decke herunter. Die Erzieherin kommt mit einer neuen Packung Wäscheklammern in der Hand: „Könnt ihr die brauchen?" „Ja!"
Die heruntergefallene Decke wird wieder am Stützpfeiler befestigt. Unter den Decken bleiben einige Kinder für lange Zeit. Von innen schiebt Filippo den Zipfel einer Decke etwas beiseite, um Licht hineinzulassen: Er möchte ein Bilderbuch anschauen. Leo und Marco sitzen in der dunkelsten Ecke der Zeltstadt und flüstern miteinander. Alberto hat sich hingelegt und bettet seinen Kopf auf ein gefaltetes Handtuch, als wäre es ein Kissen. Er sieht von dort seinen Freunden zu, die außerhalb des Zeltes im Gruppenraum spielen.

Wie steht der Kindergarten zu Spielen dieser Art, bei denen sich Kinder aus der Gemeinschaft zurückziehen, um nichts zu tun? Sind sie untersagt – oder werden sie toleriert? Vielleicht sogar aktiv unterstützt? „Könnt ihr noch Klammern gebrauchen?", fragt die Erzieherin und gibt damit dem Bauvorhaben ohne viele Worte ihren Segen.
Was lernen die Kinder beim Bau und beim Bewohnen ihres Hauses auf Zeit? Ist es ein produktives Spiel? Sollte der Kindergarten sich damit beschäftigen? Was sind die notwendigen Voraussetzungen, damit solche Spiele fruchtbar sind? Das sind Fragen, die weitere Fragen hervorrufen: Welche Tätigkeiten sind aus Sicht der Krippe oder des Kindergartens produktiv? Hat die Pause einen Wert an sich, oder ist sie nur eine notwendige Unterbrechung, um vorübergehend Span-

nung abzubauen und danach wieder mit neuem Schwung in die geplanten Aktivitäten einsteigen zu können?

Oder ist die Pause ein unverzichtbarer Bestandteil unserer Bildungsarbeit? Und im Leben? Was ist unser Verhältnis zu der Zeit? Sind Pausen für uns wertvoll genutzte oder eher vergeudete Zeit?

Wie man Pausen nutzen kann, sollte Thema innerhalb unserer Bildungsarbeit sein. Schließlich kann Pause viel mehr bedeuten, als für eine Zeit die Arbeit niederzulegen. Lernen, wie man mit seiner freien Zeit auf eine vernünftige Weise umgeht, ist auch eine Arbeit – und zwar eine anspruchsvolle.

Gerade weil die Kinder außerhalb des Kindergartens kaum noch leere Zeiträume erleben, müssen wir den Pausen im Alltag des Kindergartens viel Platz einräumen. Es ist ein pädagogisches Paradox: Wir müssen ungeplante Zeiträume einplanen!

IN DER PRAXIS

Fruchtbare Spielzeiten

Damit Spielzeiten fruchtbar werden, bedarf es einer aufmerksamen Begleitung durch die Pädagogen. Es reicht nicht aus, die Spielzeit einfach zu verlängern. Wir sollten versuchen, daraus einen echten Bildungsmoment zu entwickeln, sorgfältig vorbereitet und begleitet. Es reicht einfach nicht aus, die Kinder in einem überfüllten Raum – drinnen oder draußen – sich selbst zu überlassen, wenn es unser Ziel ist, sie eine kreative Beziehung zur Zeit entwickeln zu lassen.

Ein paar Tipps:
• Bieten Sie den Kindern Räume an, wo sie sich in kleinen, selbstgewählten Gruppen aufhalten und spielen können.
• Stellen Sie einige einfache Materialien zur Verfügung, wie in unseren Geschichten berichtet: Decken, Schnüre, Klammern,

Bücher... Für die Pause im Freien bieten Sie zusätzlich natürliche und künstliche Materialien an wie: Erde, Wasser, Blätter, Steine, verschiedene Behälter, stabile Kunststoffkästen.

- Bieten Sie großzügig bemessene Zeitspannen für das freie Spiel an, jeden Tag, so dass die Kinder sich auch Vorhaben ausdenken und umsetzen können, die Wochen oder Monate andauern.

- Beobachten Sie die Kinder, hören Sie ihnen zu. Es ist entscheidend, dass ein aufmerksamer, aber nicht aufdringlicher Erwachsener das Spiel begleitet, der seine Hühner kennt, also weiß, wann es an der Zeit, ein Spiel zu unterstützen oder einzugreifen, wenn es nicht mehr so gut läuft.

- Beziehen Sie die Eltern in Ihre Bildungsarbeit ein. Helfen Sie ihnen zu verstehen, welchen hohen Wert Pausen haben. Sie haben einen sehr begrenzen Einblick in die Arbeit des Kindergartens und neigen dazu, Erfahrungen aus ihrem beruflichen Alltag darauf zu übertragen. Es ist nicht einfach, ihrer defizitären Sicht auf das Nichtstun ein anderes Bild entgegenzuhalten – und auf die Frage: „Na, was habt ihr heute gemacht?" selbstbewusst zu antworten: „Eine Gruppe hat einen Unterstand mit Tischen, Decken und Wäscheklammern gebaut. Dann verbrachten sie fast den ganzen Morgen im Inneren ihrer Hütte, haben Bücher gelesen und andere beobachtet..." Aber Sie müssen es versuchen.

- Entwickeln Sie unterschiedliche Möglichkeiten, die Eltern von Ihrer Arbeit zu überzeugen und sie als Unterstützer zu gewinnen. Die an den Wänden angebrachten Kinderarbeiten sind nicht genug, können sogar irreführend sein. Das gleiche gilt für die üblichen Fotos von Aktivitäten, Geburtstagen, Ausflügen. Sie sollten auch die unsichtbaren pädagogischen Momente, die leeren Zeiten dokumentieren. (Kinder sitzen unter einem Tisch, um sich miteinander etwas auszudenken; Kinder liegen entspannt auf dem Teppich, um ein Buch zu lesen; Mädchen erzählen sich gegenseitig etwas beim Händewaschen).

■■■ WOHLBEFINDEN IM TAGESABLAUF

Der Tag im Kindergarten ist lang. Viele Kinder halten sich im Kindergarten länger auf als ein Arbeiter in der Fabrik. Erst recht gilt das für die Kinder, die auch bei der Früh- und Spätbetreuung immer dabei sind.

Müde sein

Nach dem Mittagessen holt eine Erzieherin ihren Mantel. „Wo gehst du hin?", fragt ein Kind. „Ich gehe nach Hause. Ich bin seit dem frühen Morgen hier, jetzt bin ich müde, ich brauche meine Ruhe." Das Kind antwortet: „Ich bin auch müde, aber ich muss noch bis zum Abend bleiben."

Dass Kinder heute immer mehr Zeit in Krippen und Kindergärten verbringen, ist ein Ergebnis unserer heutigen Lebensweise. Auch wenn wir das beklagen, werden wir es als Pädagogen nicht beeinflussen können. Aber wir haben großen Einfluss darauf, wie die Kinder diese Zeit verbringen. Wir können unsere gesamte pädagogische Kunst einsetzen, damit die Zeit in der Institution zu einer lebenswerten Zeit wird.

In der *Slow School*, wie wir sie in diesem Buch beschreiben, gibt es keinen Widerspruch zwischen Wohlbefinden und Lernen, beides ergänzt sich. Unser Ziel sind Kinder, die unabhängig, selbstverantwortlich, gesellig und kommunikativ, engagiert, erfinderisch, spielerisch, abenteuerlustig, konstruktiv, neugierig, leidenschaftlich und selbstreflexiv durchs Leben schreiten können – jetzt und später. In diesem Buch möchten wir Anstöße geben, wie ein solches Projekt umgesetzt werden kann. Viel braucht es dafür nicht: In den Nischen des Alltagsleben einer Krippe oder eines Kindergartens finden sich reichhaltige Schätze, die wir bergen können, um dieses Ziel zu erreichen: Zum Beispiel Beziehungen, persönliche Geschichten, der Garten, das Spielen, die Zeit...
Es geht darum, unsere Ideen neu zu denken.

Einige Slogans für eine Slow School

Eine Oase der Vernunft

Sich Zeit nehmen

Weniger ist oft mehr

In jedem Moment steckt Erziehung

Lernkontexte programmieren

Kontexte bereichern

Das pädagogische Paradox: das Ungeplante einplanen

Prozess geht über Produkt

Begleitete Selbständigkeit

Weniger sprechen, mehr zuhören

Zuhören ist lustig

Gedankengänge fördern

Probleme formulieren

Eine Umgebung gedacht fürs Denken

Lernen durch Diskutieren

Lernen zu lernen

Mit *Nichts* spielen können

Es soll schön sein (auch die Augen möchten teilhaben)

Nachwort

Krippen und Kindergärten sind heutzutage in Europa eine Selbstverständlichkeit. Von Oslo bis Sizilien, von Warschau bis Lissabon besuchen die meisten Kinder regelmäßig eine Kindertagesstätte. In manchen Ländern, wie auch in Italien, wird der Kindergarten der Schule zugerechnet. Die Eltern sprechen in diesen Ländern davon, dass ihre Kinder im Alter von vier Jahren in die Schule gehen. Sie meinen jedoch keineswegs das Gleiche wie Eltern, die in Deutschland von der Einschulung sprechen. Die Stufen der vorschulischen Bildung sind überall die gleichen: Krippe (0–3), Kindergarten (3–6) und dann die Grundschule, die die Kinder ab 6 oder 7 Jahren besuchen. Nur ist in manchen Ländern eben der Kindergarten in die Schule eingemeindet und deshalb wird dort von Schule gesprochen, wenn eigentlich der Kindergarten gemeint ist.

Unsere Autorin Penny Ritscher hat diesem Buch den Titel *Slow School* gegeben, wir haben *Nachhaltige Erziehung in Krippe und Kindergarten* vorangestellt, um darauf aufmerksam zu machen, dass Krippe und Kindergarten als Bildungsinstitutionen Gegenstand der folgenden Untersuchungen ist. Die Bezeichnung *Slow School* bezieht sich vor allem auf die *Slow Food* Bewegung, die wie Penny Ritscher in Italien zu Hause ist und uns darauf aufmerksam machen will, dass unser Umgang mit Ernährung und Lebensmitteln Achtsamkeit, Geduld und Vertrauen braucht. Unsere Nahrung soll schmackhaft sein, ohne chemische Zusätze angebaut und sozial gerecht erzeugt sein, so die Forderung der *Slow Food* Aktivisten. „Am Tisch wird man nicht alt", lautet die sinngemäße Übersetzung eines alten italienischen Sprichwortes. Penny sagt: „Am Tisch wird man größer." Sie sieht hier die engste Verbindung zwischen dem *Slow Food* Ansatz und der pädagogischen Welt. Eine gemeinsame Mahlzeit ist eine bedeutsame soziale Situation. Gemeinsam zu essen, bedeutet gemeinsam zu genießen. Jeder ist willkommen und jeder kommt als er selbst. So sollte es auch im Zusammenleben mit Kindern sein. Ob im Kindergarten oder in der Familie, das Kind sollte Kind sein dürfen, das Zusammensein mit anderen genießen können und dabei wachsen. Ein Kind sein zu dürfen – als Mensch unter Menschen – das ist die grundlegende Notwendigkeit für das Heranwachsen. Es klingt banal und doch glauben wir darauf aufmerksam machen zu müssen.

Die aktuelle Bildungsdebatte in unserem Land ist schon vor Jahren in die falsche Richtung abgebogen und hat sich voll und ganz einem Optimierungsstreben für die nachwachsende Generation verschrieben. Dem Optimieren von Kindern widmen sich Eltern und nehmen dabei allerlei Entbehrungen in Kauf. Sie vergessen ihr eigenes Leben, sind gestresst und merken dabei gar nicht, wie wenig sie die eigene Persönlichkeit ihres Kindes zu Tage treten lassen. So kann es passieren, dass unsere Gesellschaft statt verantwortungsbewusster, kreativer und schlauer Menschen eine Generation von unselbstständigen Nörglern heranzieht, die es gewohnt sind, von anderen Menschen verwöhnt zu werden. Wem das Leben abgenommen wird, der wird es später schwer allein meistern können. Der *Slow School* Ansatz will uns darauf aufmerksam machen.

Aber geht es im Kindergarten nur um Bildung? Sicher nicht! Es geht auch nicht mehr nur um die Debatte Betreuung oder Bildung, die noch vor einigen Jahren den gesellschaftlichen Diskurs bestimmt hat. Die gesellschaftliche Stellung des Kindergartens hat sich dramatisch verändert. Die Institution – einst von der Wohlfahrt geschaffen, um bedürftigen, meist alleinstehenden Müttern die Berufstätigkeit zu ermöglichen – hat sich zu einem wichtigen Ort des gesellschaftlichen Lebens von Eltern und Familien entwickelt. Eltern nutzen den Kindergarten um sich auszutauschen, Informationen und Beratung über die Erziehung von Kindern zu bekommen und um soziale Beziehungen zu anderen Familien aufzubauen.

Diese Entwicklung fordert von Krippe und Kindergarten, die eigene Identität zu überdenken, neue Angebote – vor allem für Eltern – zu entwickeln und sich dabei auf das Fachwissen der erfahrenen Erzieherinnen in der Einrichtung über die Begleitung von Heranwachsenden zu besinnen.

Penny Ritscher macht in ihrem Buch auf eine ganze Reihe von Erziehungsproblematiken aufmerksam, die Eltern und Erzieher kennen sollten. Sie fordert uns Erwachsene auf, die Entwicklung der Kinder mit offenen Augen und warmen Herzen zu beobachten.
Achtsamkeit in der Erziehung, eine ganze Menge Vertrauen in die Leistungsfähigkeit der Kinder, weniger Behütung, dafür jede Menge Geduld: diese Fähigkeiten sollten Eltern und Erzieherinnen ausbauen. Krippe und Kindergarten müssen den Fokus erweitern, nicht mehr nur das Kind sehen, sondern ebenso seine Familie und seine Lebensumstände. Nur so lässt sich ein Ausgleich schaffen, der eine ausgewogene Entwicklung fördert. Ein Kind, welches von seinen Eltern immer nur getragen oder im Buggy umhergefahren wird, sollte im Kindergarten viele Gelegenheiten zum Laufen und jede Menge Aufforderung zur Selbständigkeit erhalten. Den Eltern sollte von den Erziehern erklärt werden, warum das Auf-den-eigenen-Füßen-unterwegs-sein für die Entwicklung der Kinder so unersetzbar wichtig ist.

Unsere Autorin führt uns außerdem in die Lebenswelt von Kindergartenkindern ein. Sie lässt uns an ihren Beobachtungen teilhaben und macht uns so zu Mitwissern über den heutigen Alltag von Kindern und Familien. Mit Wärme und Mitgefühl erzählt sie von den Fallen des Konsums, in denen zu viele Eltern und Großeltern gefangen sind, von dem quälenden Zeitmangel, der Familien erdrückt und von den immer weniger werdenden Selbsterfahrungsmöglichkeiten für kleine Kinder.

Ihr Buch ist eine Aufforderung genau hinzusehen, Zeit, Geduld und Vertrauen zu investieren, um den Kindern die Möglichkeit zurückzugeben, die eigene Zeit zu erleben, Langeweile zu genießen und Herausforderungen selbst zu meistern.

Wie wichtig dies alles ist, muss hier nicht gesagt werden, stelle man sich nur einmal einen jungen Erwachsenen vor, der in zwanzig Jahren auf eine Erziehung zurückblickt, die ihm keine Chance für eigenständiges Tun, eigenständige Zeitplanung sowie den Umgang mit Herausforderungen und selbst erzeugten Misserfolgen gelassen hat. Stets auf Anweisungen wartend, würde dieser junge Mensch ohne eigenen Antrieb und Selbstvertrauen eine Last für die soziale Gemeinschaft darstellen. Das Prinzip von *Slow School* kann unsere Kinder davor bewahren.

Antje Bostelmann, Dezember 2014

Die Autorin

Penny Ritscher wuchs in New York auf, wo sie 1941 geboren wurde. Ihr Interesse für Pädagogik begann, als sie als Jugendliche in einem Feriencamp für Slum-Kinder als Freiwillige arbeitete. Diese Erfahrung lehrte sie, dass Bildung durch Menschen, Beziehungen und Umgebung entsteht und nicht reduziert werden kann auf standardisierte Ziele.

Nach dem Studium an der Brown University 1962 lebte sie bis 1965 in München, wo sie in einer neugegründeten Klasse für Problemkinder an der Steiner Schule arbeitete. Anschließend arbeitete sie als Grundschullehrerin an internationalen Schulen in Rom und Paris. Später studierte sie Musik und Tanz am Orff Institut in Salzburg. Seit dieser Zeit lebt und arbeitet sie in der Nähe von Florenz, wo sie 1973 gemeinsam mit einer Gruppe von Eltern eine kleine experimentelle Grundschule gründete.

In Florenz wurde sie Mitglied von CEMEA, einer Bewegung für weiterentwickelte Pädagogik. Viele Jahre unterrichtet sie nun schon Kinder und Erwachsene in Musik und Bewegung. Außerdem arbeitet sie seit den 80er Jahren in mehreren Krippen in der Toskana, wo sie sehr durch die Arbeit von Elinor Goldschmied beeinflusst wurde.

In Italien hat sie bereits viele Artikel und mehrere Bücher zur Bildung von Kindern unter drei veröffentlicht, darunter *Cosa faremo da piccoli?* (2000), *Il giardino dei segreti* (2002), *Vivere s acuola* (2005, mit G. Staccioli).

Zum Weiterlesen

Antje Bostelmann, Michael Fink
Methodenbox für die Krippe
Grundlagen und Arbeitshilfen zur Beobachtung und
Dokumentation bei Kindern unter 3
Bananenblau 2013
116 Seiten, Ringbuch
ISBN 9783942334259

Antje Bostelmann, Michael Fink
Elementare Spielhandlungen von Kindern unter 3
Erkennen, Begleiten, Fördern
Bananenblau 2013
72 Seiten, Ringbuch
ISBN 9783942334334

Antje Bostelmann, Michael Fink, Gerrit Möllers
Gute Kita gemeinsam gestalten
Ein Buch über Qualität für Eltern und Erzieher
Bananenblau 2015
114 Seiten, A5 Broschur
ISBN 9783942334419

Antje Bostelmann, Michael Fink
Aktionstabletts – Experimente und Spielangebote
40 Ideen für das Lernen in Krippe und Kindergarten
Bananenblau, 4. Auflage 2014
76 Seiten, Ringbuch
ISBN 9783942334280

Antje Bostelmann, Michael Fink
Aktionswannen – Fühlen, Forschen, Begreifen
30 Lern- und Spielangebote für Krippe und Kindergarten
Bananenblau, 3. Auflage 2014
120 Seiten, Ringbuch
ISBN 9783942334310

Jede Mahlzeit ist eine Lernchance!

Mahlzeiten in der Krippe – Lernchancen erkennen und Essensituationen einfühlsam begleiten

Mahlzeiten bieten Kindern vielfältigste Lernchancen. Das tägliche Ritual des gemeinsamen Essens fördert soziale Entwicklung und sprachliche Fähigkeiten. Mahlzeiten sind für Kinder Zusammenkunft, Feinmotorik-Training, intensive Sinneserfahrung und Trainingsplatz für Selbstständigkeit. Unser Buch zeigt Ihnen anhand vieler Tipps und ausführlicher Praxisanleitungen, wie Sie in Ihrer Krippe die Mahlzeit zur Lernzeit machen können. Der dazugehörige Film zeigt Beispiele aus deutschen und italienischen Krippen, die auf unterschiedliche Weise moderne pädagogische Grundsätze in der Gestaltung der Essensituation umsetzen.

Antje Bostelmann, Michael Fink
Mahlzeiten in der Krippe
Lernchancen erkennen und Essensituationen einfühlsam begleiten

Mit DVD (37 Min. Spieldauer)

Bananenblau 2014
ISBN 978-3-942334-37-2

Außerdem erhältlich

Verantwortungsbewusst, sozialkompetent, kreativ – Das Bild vom Kind in der Klax-Pädagogik

Kleinkinder sind so niedlich mit ihren roten Bäckchen und kleinen Bein-chen, doch vergessen viele Erwachsene bei diesem drolligen Anblick, dass die Kleinen ernstzunehmende Lerner sind, die mit hoch effektiven Metho-den die eigene Entwicklung vorantreiben. Erwachsene haben oft Schwie-rigkeiten das Tun der kleinen Auskramer, Rumrenner und Krachmacher richtig zu verstehen. Kreativ, verantwortungsbewusst, sozial kompetent – so sieht das Bild vom Kind in der Klax-Pädagogik aus. In diesem Buch erfahren Sie, wie Sie den Kindern als Lernbegleiter bei jedem Abenteuer als sicherheitsgebende Bezugsperson, als Vorbild im Umgang mit den Dingen der Welt, als Grenzensetzer, Anbieter für Lerngelegenheiten und Schaffer von Herausforderungen zur Seite stehen.

Antje Bostelmann, Gerrit Möllers
Verantwortungsbewusst, sozialkompetent, kreativ
Das Bild vom Kind
in der Klax-Pädagogik

Bananenblau 2015
ISBN 978-3-942334-48-8

Fortbildungsangebot

Inhouse-Seminare für Krippen, Kitas und Schulen

Sie suchen für sich und Ihr Team Fortbildungen zu aktuellen pädagogischen Themen? Wir kommen zu Ihnen in die Einrichtung und richten unsere Seminare ganz nach Ihren Bedürfnissen aus. Dabei setzen wir gezielt an Ihrem individuellen Weiterbildungsbedarf an.

Wir bieten unter anderem Fortbildungen zu folgenden Themen an:
- **Die Portfolio-Methode in Krippe, Kindergarten oder Schule**
- **Spezialisierung im Bereich Krippe – Eingewöhnung, Entwicklungsbegleitung, Raumgestaltung und Materialauswahl**

Des Weiteren bieten wir Führungen, Hospitationen, Fachtage, Vorträge und Workshops an.